Klaus Lukas – Die Wohlfühlmenschen

Klaus Lukas

Die Wohlfühlmenschen

Trend

EDITION VA BENE

Die Deutsche Bibliothek – CIP-Einheitsaufnahme

Lukas, Klaus:
Die Wohlfühlmenschen / Klaus Lukas. –

Wien ; Klosterneuburg : EDITION VA BENE, 2001.
(Trend)
ISBN 3-85167-110-4

E-Mail: edition@vabene.at
Homepage: www.vabene.at

Umschlaggestaltung: Joseph Kohlmaier, London
Druck: Theiss Druck, Wolfsberg
Satz und Druckvorlage: Mag. Franz Stadler, Königstetten
Produktion: Die Druckdenker GmbH, Wien

Printed in Austria

ISBN 3-85167-110-4

Dieses Buch widme ich meinen Enkeln
Lukas, Clara, Franz und Maxime.

Inhalt

Vorwort

Man stellt sich unter der Jahrtausendwende etwas Epochales vor. Eine Mauer unbestimmter Substanz, auf die die Menschheit über viele, viele Generationen hinlebt. Nur ein winziger Teil der sich durch die Jahrhunderte windenden menschlichen Fortpflanzungskette ist dabei, wenn sie durchschritten wird. Die Glückspilze, die Auserwählten des Zeitablaufes sind es, die mit ihrem einen Leben zwei Jahrtausende berühren dürfen.

Die Menschheit hat sich der Jahrtausendwende in der dumpfen Erwartung oder Befürchtung genähert, daß etwas Besonderes geschehen wird. Beim vorletzten Mal herrschte Weltuntergangsstimmung. Die damals noch als Scheibe geltende Erde ist trotz der Prophezeiungen vom Jüngsten Gericht und Weltende unversehrt über die Schwelle des neuen Jahrtausends gerollt. Tausende Menschen lauschten angsterfüllt den Kirchenglocken, die das Ende einläuten sollten. Aber die Ewigkeit schwieg, und der Lauf der Welt nahm seinen Fortgang. Dieses Mal war es die Computerwelt, die ihre große Feuertaufe bestehen mußte. Man fürchtete, daß die elektronischen Hirne, die unser Dasein mit bestimmen, die drei Nullen nicht verkraften würden.

Die Unsicherheit war, wie tausend Jahre vorher, nicht auf die unwissenden Massen beschränkt. Damals erwartete Kaiser Otto III. mit schwermütigen Bußpsalmen und getragenem Flötenspiel den Weltuntergang. Und Papst Silvester zelebrierte in der Kirche Santa Croce die Messe, von der er und die gesamte Christenheit glaubte, daß es die letzte sei.

Dieses Mal trauten selbst die Weltkonzerne und der Pentagon den Computersystemen nicht hundertprozentig. Trotz gigantischer Investitionen in Sicherheitsvorkehrungen wagte niemand Vor-Entwarnung zu geben. Die Erleichterung war groß, als die Menschen am 1. Jänner feststellten, daß ihre PCs in Ordnung, keine Flugzeuge abgestürzt und keine Atomreaktoren in die Luft geflogen waren.

Zurückblickend war die Wende vom ersten zum zweiten Jahrtausend nur ein Datum gewesen. Von einem epochalen Ereignis war keine Rede. In unserem verzweifelten Kampf mit der Zeit und gegen sie haben wir ein Einteilungsgerüst geschaffen. Darin gibt es auch Schallmauern, die wie mystische Wände, vor uns und hinter uns, aufragen, aber nie existieren. Das eine Jahrtausend endet und das andere beginnt. Dazwischen ist nichts. Die Jahrtausendwende ist also nur Hirngespinst, sie hat Null Dauer. Alles in unserem Leben dreht sich nur um die Zeit. Wir sind ihr absolut ausgesetzt, denn sie ist nicht einzufangen. Sogar den Raum können wir auch physisch dauerhaft einteilen, abgrenzen. Die Zeit läuft immer weiter über jede unserer Einteilungsgrenzen hinweg. Auch das Millenniumsdatum liegt hinter uns, und wir laufen weiter.

In der allerletzten Phase des zweiten Jahrtausends haben wir Menschen die technologische Entwicklung überdurchschnittlich beschleunigt. Der technische Entwicklungsstandard ist dem moralischen davongelaufen. Wir verfügen über die theoretischen, technischen und logistischen Voraussetzungen, um für eine Erdbevölkerung mit ausgewogenen Ernährungs- und Gesundheitsstandards zu sorgen. Trotzdem leidet ein großer Teil der Menschheit unter extremer Armut, unter Hunger und Krankheit. Globales Mißmanagement ist auch dafür verantwortlich, daß der Planet selbst ernsthafte Krankheitssymptome zeigt, die auf seine Bewohner immer stärkere Auswirkungen haben. Das Millennium war – das steht schon fest – kein Wendepunkt zu einer besseren Welt. Aber ein Anlaß für viele Menschen, darüber nachzudenken, wie die allgemeinen Wohlfühlstandards verbessert werden können, ist es allemal. Der Wohlfühlmensch ist einer, der sich im sprichwörtlichen Sinn in „seiner Haut wohlfühlt“. Das kann nur einer, der bereit ist, Verantwortung auch für Schicksale, die ihn nicht direkt betreffen, zu übernehmen. Die Wohlfühlmenschen vertreten die Globalisierung der Verantwortung.

Die Wohlfühlgesellschaft

Die Wohlfühlgesellschaft sucht neue Eliten

Die Menschheit tritt in ein neues Zeitalter. Erstmals wird der Zugang zur Persönlichkeit auch von innen her möglich. Es ist gelungen, das menschliche Erbgut zu entschlüsseln. Bisher war es nur möglich, an die Persönlichkeit, mit dem Ziel sie zu verändern, von außen heranzukommen. Gehirnwäsche, Hypnose oder Psychoterror waren Instrumente und Druckmittel, um in die Persönlichkeit einzudringen. Aber seit dem Beginn der Menschheit sind alle Versuche, den Charakter und den Gefühlshaushalt radikal zu ändern, an der Biologie gescheitert. Der Charakter, seine wichtigen Eigenschaften, der Kern der Menschen, waren den Änderungsversuchen gegenüber immun. Die Wissenschaft beginnt, das entschlüsselte Erbgut zu übersetzen. Eine tiefgreifende Wende in der Menschheitsgeschichte ist nun deshalb eingetreten, weil die Erbsubstanz eines Menschen in Zukunft nicht mehr ausschließlich das Produkt von Vater und Mutter und der Ahnen sein muß. Das Resultat kann neuerdings durch eine technische Intervention mitbestimmt werden. Das Zeitalter der internen Körperpolitik ist angebrochen.

Am Beginn dieser bahnbrechenden und mit vielen Fragezeichen versehenen Entwicklung im Bereich der Menschwerdung stehen wir, wenn wir heute den Versuch machen, einen Blick auf die Menschengesellschaft des 21. Jahrhunderts zu werfen. Angesichts der Möglichkeiten, die die Entschlüsselung des Erbgutes mächtigen Persönlichkeiten eröffnen könnte, muß man davon ausgehen, daß die Zukunft der Weltbevölkerung von der moralischen Qualität ihrer Eliten abhängt.

Noch wird die Gesellschaft der industrialisierten Welt des 21. Jahrhunderts von Egomenschen dominiert. Sie sind ein Produkt von Globalisierung und Medienkultur. Selbstdarstellung und Ich-Bezogenheit werden den Massen von professionell vermarkteten Leitfiguren geradezu vorgelebt. Die politische Kaste spricht publikumswirksam und wohlgefällig das Wort „Ich" aus. Es wird kein Zweifel darüber offen gelassen, daß alle Bestrebungen auf dieses eine „Ich" ausgerichtet sind. Die Politik ist für den Egomenschen das beliebteste Werkzeug zur Selbstdarstellung und zur Förderung der persönlichen Karriere. Den Medien passen die egomanischen Politiker gut ins Konzept. Sie bieten ihnen daher das Forum, um ständig in Erscheinung zu treten. Diese Politiker sind für viele Menschen Feindbild und Wunschvorstellung zugleich.

Auch andere Leitfiguren der Gesellschaft sind Symbole für das Kämpfen um den „Ich-Erfolg". In den Interviews mit Sportidolen geht es darum, wie „ich" mich heute fühle, was es bedeutet, daß man „mir" zugejubelt hat, und daß es der schönste Tag in „meinem" Leben ist, daß „ich" gewonnen habe, daß „ich" die anderen besiegen konnte. Die Helden der Kultur stammen seltener aus der Hochkultur, dafür umso häufiger aus der Volkskultur. Sie sprechen das Herz der kleinen „Ich-Menschen" an und stellen sich so dar, wie diese am liebsten selbst sein möchten. Die Fernseheinschaltquoten belegen diese einseitige Ausrichtung des Volksgeschmackes deutlich.

Der Egomensch entsteht ja bereits in der Wiege. Und die Einzelkinderkultur trägt dazu bei, daß so viele Möchtegern-Quotenkönige heranwachsen. Sogar im Spielpark werden Einjährige schon dazu erzogen, ihr Schauferl oder ihr Küberl zu verteidigen. Die Mütter haben Angst davor, daß Kinder, denen man womöglich beibringt, daß sie ihre Sachen teilen müssen, dann später im harten Wettkampf des Lebens nicht die richtigen Voraussetzungen zum so sehr gewünschten Erfolg haben werden.

Viele Eltern suchen die einfachste Lösung aus dem großen Dilemma, in das sie durch den Konsum und Markenterror kommen. Sie verwöhnen ihre Kinder. Verwöhnung ist aber die direkte Weichenstellung zum Egomenschen. Mit dieser Erziehungsform hoffen die Eltern, ihren Kindern die Härten der Realität zu ersparen. Das Resultat ist, daß diese Kinder im späteren Leben die Fehler fast immer bei den anderen suchen und fast nie bei sich selbst.

Der Fortschritt und die auf Bequemlichkeit ausgerichtete Technik der Konsumwelt hat an und für sich schon stark verwöhnende Auswirkungen. Verwöhnende Wohlstandseltern erhöhen die bereits vorhandenen Verweichlichungseffekte in einer Art, die in heranwachsenden Menschen das Gefühl entwickeln kann, sie hätten auf ein Leben, das völlig schmerzfrei sein sollte, Anspruch. Diese Kinder leben dann in der Illusion, daß sie alles bekommen müssen, und nehmen überhaupt nicht wahr, daß auch ihre Eltern eigene Bedürfnisse haben. Viele Erziehende erkaufen sich das vermeintliche momentane Wohlfühlen der Kinder durch ein äußerst fantasieloses Nachgeben, Hingeben, Geben. Verwöhnen heißt nichts anderes, als auf die Erziehungsarbeit einfach zu verzichten.

Wer aber Kinder zu verantwortungsbewußten Wohlfühlmenschen erziehen will, muß sich auch zu Hause moderner Managementmethoden bedienen. Das bedeutet keineswegs ein Zurück zur Autorität. Vor allem ist es wichtig, die Dialogbereitschaft zu fördern. Kinder müssen zu sinnvollem Handeln motiviert und in der Beziehung zu den Erwachsenen angeregt werden, auf Kompromisse einzugehen. Jede stabile Beziehung bedarf eines ständigen intensiven Austausches. Verwöhnung hingegen beruht häufig auf der Hoffnung, sich durch uneingeschränktes Geben eine dauerhafte Zuneigung zu erkaufen.

Wie soll ein Kind, daß nie wirklich Widerstand gespürt hat, mit den vielschichtigen späteren Schwierigkeiten, die in jedem Leben auftreten, fertig werden? Vielleicht wird es – und das erhoffen manche verwöhnende Mütter und

Väter – als Erwachsener jenen ungehemmten Egoismus, der zu materiellem und machtmäßigem Erfolg führen soll, entwickeln. Die richtige Schulung zur Fähigkeit des Wohlfühlens ist die Verwöhnung aber nicht. Die Verwöhnungsfalle, in die die Eltern hineintappen, ist gleichzeitig eine Frustfalle für ihre Kinder. Wer gewohnt ist, jeden Wunsch erfüllt und jeden Widerstand aus dem Weg geräumt zu bekommen, muß später, ohne rund um die Uhr verwöhnende Eltern, mit einem riesigen Frustpotential rechnen. Die Verwöhnung zeigt, wenn die Kindheit vorbei ist, oft schlimme Folgen. Der Egomensch tritt mit all seinen Aggressionen, mit seinem Drang bewundert zu werden und mit der Selbstverständlichkeit, auf Mitmenschen nicht Rücksicht nehmen zu müssen, in die Welt der Erwachsenen. Ist sein anerzogener Egoismus mit Begabung und Fleiß gepaart, so steht seinem materiellen Aufstieg nichts im Weg. Er wird der typische Repräsentant der Egokultur, gesellschaftsbeherrschend, selbstverwirklichend. Dieser Menschentyp könnte im Zeitalter der Biorevolution die Menschheit in gefährliche Bahnen leiten.

Der Verwöhnte, der über geringe Begabung verfügt, hingegen kommt in die Gefahr, daß ihn seine mangelnde Frusterfahrung nach unten trudeln läßt. Es könnte ihm ein Leben des sich verfolgt und mißverstanden Fühlenden, des ewig schuldlosen Verlierers bevorstehen.

Der Egomensch wird in seinem Lebensstil und bei seinem Handeln von ausgeprägtem Konkurrenzdenken, ja einem Wettbewerbstrieb und dem Wunsch, Idolen nachzueifern, gesteuert. Er hat, für seinen Geschmack, nutzlose Gefühle wie Mitleid, Hilfs- und Opferbereitschaft aus seiner Gedankenwelt weitgehend verdrängt. Konrad Lorenz untersucht Vorgänge der Dehumanisierung der Menschheit in seinem 1977 erschienen Werk „Die acht Todsünden der zivilisierten Menschheit“ und kommt zu folgendem, für die heutige Gesellschaft hochaktuellen Schluß: *„Was für die Menschheit als Ganzes, ja selbst, was für den Einzelmenschen gut und* *nützlich ist, wurde unter dem Druck zwischenmenschlichen Wettbewerbs bereits völlig vergessen. Als Wert wird von der erdrückenden Mehrzahl der heute lebenden Menschen nur mehr das empfunden, was in der mitleidlosen Konkurrenz erfolgreich und geeignet ist, den Mitmenschen zu überflügeln. Jedes Mittel, das diesem Zwecke dienlich ist, erscheint trügerischerweise als ein Wert in sich.*" Er meint, daß die Menschen, da sie alle Mächte ihrer Umwelt zu beherrschen gelernt hätten, den *„satanischen Wirkungen der intraspezifischen Selektion hilflos preisgegeben"* seien. So kämpfen Millionen von kleinen Egoisten in einer anarchisch globalisierten Welt um ihre Vorteile, um ihre großen und kleinen Siege, um Kicks, um Wellness. Hilflos hängen sie am Technologietropf und können sich doch nicht richtig wohlfühlen. Friedensreich Hundertwasser hat das *„unsere Schlauchabhängigkeit"* genannt. Er sagte, daß wir alle schlauchabhängig sind, das heißt *„künstlich widernatürlich am Leben erhalten werden. Es ist ein gigantisches Netz der Versklavung und der Schlauchabhängigkeit"*. Er meinte, daß dieser *„Verteiler-Moloch"* uns jederzeit vernichten könne, *„indem er die Zu- und Ableitung, von denen wir abhängig sind, durchtrennt oder nicht beliefert – wenn wir nicht brav sind"*.

Im Zeitalter, wo zur Schlauchabhängigkeit noch die Gentechnologie dazu kommt, wird ein Paradigmenwechsel der menschlichen Verhaltenskultur zukunftsentscheidend. Die Menschenmassen, die früher oder später zu den Nutzern der Gentechnologie werden müssen, haben keine reelle Chance, dieser neuen Entwicklung zu entgehen. Die Entscheidungen sind schon getroffen. Die anderen, die Mächtigen, die Wissenschaftler haben es in der Hand zu entscheiden, was mit jener Technologie, die die intimsten Bereiche des menschlichen Lebens erfassen kann und wird, geschehen soll. Daher braucht die Menschheit Vertrauen in ihre Eliten. Mehr denn je zuvor wird Abhängigkeit von Spezialisten bestehen. Alles, was auf uns zukommt und das uns vielleicht ethisch bedenklich erscheinen wird, wird mit den Vokabeln Gesundheitsfürsorge begründet, ja umworben werden. Es werden uns Paradiese vielleicht angekündigt werden, die uneinlösbar sind. Was auf uns zukommt an Aufbruch, an Angriff auf zentrale bisher unberührbare Werte, können nur Menschen eines anderen Schlages, wie unsere heutigen Egomenschen, in die richtigen Bahnen lenken; Menschen, die sich wohlfühlen und die dafür sorgen möchten, daß sich ihre Mitmenschen und Mitlebewesen ebenfalls wohlfühlen. Es zeichnet sich ab, und das ist in der Literatur, in der Kunst und im Film nicht zu übersehen, daß sich eine neue Sehnsucht nach Harmonie einschleicht.

Der Egomensch wird vom Wohlfühlmenschen schrittweise abgelöst werden. Der Wohlfühlmensch wird die Geschichte des 21. Jahrhunderts bestimmen und dafür sorgen, daß die bald sieben Milliarden Erdenbewohner im Zeitalter der Gentechnologie in würdiger Weise leben können. Wohlfühlen ist Bewußtsein. Der Wohlfühlmensch stiftet das Bewußtsein und den Zustand des Wohlfühlens für sich und seine Umwelt. Das Wohlfühlen wird zu einem verhaltensbestimmenden Begriff, der quer durch alle Bereiche des Lebens geht. Wohlfühlen wird genauso in Krankenhäusern, wie in Schulen oder in Betrieben angestrebt. Auch der moderne Manager wird an die Spitze der innerbetrieblichen Kultur das Wohlfühlen stellen. Sich im Beruf wohlfühlen hängt mit Motivation zusammen. Die erfolgreichen Unternehmungen der Zukunft werden Wohlfühlfirmen sein.

Der Wohlfahrtsstaat wird durch den Wohlfühlstaat abgelöst. Der Wohlfahrtsstaat war noch eine Umverteilungsorganisation und ein Clearinghouse der Interessensgruppen. Die Aufgabe des Wohlfühlstaates ist es, Rahmenbedingungen zu schaffen, die dem Wohlfühlen aller Menschen dienen. Politische Interessenskonflikte werden in fairer Weise ausgetragen. Der Wohlfühlmensch lehnt den egomanischen Selbstverwirklichungspolitiker, der seinen Konkurrenten öffentlich schlecht macht, aus tiefster Seele ab.

Er bedient sich bewußt der modernen Technologie und stellt ihre Bedeutung nicht in Frage. Sein Selbstverständnis stellt ihn aber, als lebendes Wesen mit Seele, über die Errungenschaften der Technik. Der Fortschritt hat es ihm ermöglicht, mehr Zeit für das eigene Wohlfühlen und das Wohlfühlen seiner Mitmenschen zur Verfügung zu haben. Auch in diesem Sinne ist ihm der technologische Fortschritt willkommen.

Für Neid ist in der Wohlfühlphilosophie absolut kein Platz. Die Triebfeder Neid des Egomenschen ist tot. Zum Wohlfühlen gehört die Freude am eigenen Erfolg genauso wie Freude über den Erfolg anderer. Erfolg heißt aber nicht gewinnen, es heißt etwas zustandebringen. Die Welt besteht nicht mehr aus Gegnern, die überwunden werden müssen, sondern aus Partnern, mit denen man gemeinsam etwas schaffen möchte.

Der Wohlfühlmensch hat eine pazifistische Grundeinstellung. Waffen, Uniformen und künstliche Autorität sind ihm zuwider. Autorität beruht für ihn ausschließlich auf Können, Wissen und Verantwortungsgefühl. Die Welt künstlicher Hierarchien, unverdienter Machtausübung oder gar aufgezwungener Unterwürfigkeiten demontiert er.

Der Wohlfühlgedanke ist ein Spaziergang am Grat zwischen Illusion und Realität, zwischen Wunsch und Wahrheit, zwischen hoffnungsvoller Verdrängung und Angst. Amerikanische Psychologen haben herausgefunden, daß positive illusionäre Wahrnehmungen nicht nur der eigenen geistigen Gesundheit zugute kommen. Sie verbessern die Stimmungslage und können die Bereitschaft, für andere zu sorgen und ihnen beizustehen, fördern. Gutgelaunte Menschen, das ist empirisch nachgewiesen, sind großzügiger, hilfsbereiter und zu „das Wohlfühlen" verbreitenden sozialen Kontakten prädestiniert. Kreatives Arbeiten wird durch Illusionen, durch das manchmal unbewußte Wegstecken der grauen Sorgen und Ängste gefördert. „Selbsterkenntnis ist der beste Weg zur Besserung", sagt ein altes Sprichwort. Ob Selbsterkenntnis unbedingt auch der beste Weg zur Selbsterhaltung ist, ist äußerst fraglich. Illusionäre Selbstwahrnehmungen können ein wichtiger Bestandteil seelischer Gesundheit sein und damit auch der Fähigkeit zum Wohlfühlen dienen.

Der menschliche Geist ist nicht in der Lage, Informationen mit der mechanischen Gleichgültigkeit eines Computers zu verdauen. Er hat daher Schwierigkeiten, mit der Wahrheit vorurteilsfrei umzugehen. Es ist unbestritten, daß die Mehrheit der Menschen nach Argumenten sucht, die ihre Meinung, ihre eigene Wahrheit bestätigt. Sie halten nach Informationen Ausschau, welche die von ihnen getroffenen Entscheidungen untermauern.

Die gleichzeitige Suche nach Wahrheit und Harmonie birgt viel an möglichem Konfliktstoff in sich. Die objektive, absolute Wahrheit liegt schwer auf den Schultern der Menschen. Mit den rasanten, technischen Fortschritten gewinnt daher die Suche nach Harmonie die vorrangige Bedeutung. Suche nach Wahrheit kann fundamentale Kräfte befreien, die der Gewalt nicht abgeneigt sind. Streben nach Harmonie bringt die freundlichen Töne des menschlichen Charakters nach oben. Harmonie und Freude liegen nahe beieinander. Freude bewirkt Wohlfühlen. Der Wohlfühlmensch ist ein Wesen der Freude oder ein Sucher nach Freude. Es wäre ein grundsätzlicher Fehler, ihn für einen „reinen" Genußmenschen zu halten. Der „reine" Genießer kennt die wahre Freude gar nicht. Er weicht ja der Anstrengung aus, die zur Freude führt. Der Künstler, der unter großer Anstrengung, unter Entbehrung und mit Gefühlsaufwand bis an die Schmerzgrenze ein Werk schafft, empfindet nach getaner Arbeit Freude. Der Bergsteiger, der sich mit pochendem Herzen und Schweiß auf der Stirn einen steilen Felshang hinaufmüht, genießt weder die Anstrengung noch die Gefahr, der er ausgesetzt ist. Aber wenn er oben steht am Gipfel, empfindet er Freude, die große Freude, das Wohlfühlen. Konrad Lorenz spricht davon, daß Freude durch wehleidige Unlustvermeidung unmöglich gemacht wird.

Der Wohlfühlmensch ist auf der Suche nach seiner Individualität. Individualität hat mit Egoismus absolut nichts zu tun, im Gegenteil, sie hilft Egoismen zu überwinden. Das Befreien vom Panzer der Äußerlichkeiten und das Erkennen der eigenen inneren Kraft bringt das Individuelle in das Bewußtsein. Künstliche Wertschablonen werden durch die Quellen der eigenen Kreativität ersetzt. Die innere Revolution gegen das Diktat der äußeren Form und gegen die allgemein gültige Maxime „das Hemd ist mir näher als der Rock" entfernen die menschliche Persönlichkeit vom alles beherrschenden Egoismus. Die eigene innere Kraft ist so stark, daß sie das Verantwortungsbewußtsein ausdehnen will und erweitert. Die Egoismusetiketten, die äußerlich durch das Frack- und Ordentragen, durch das Sitzen in der ersten Reihe, durch Spenden, nur um darüber reden zu können, zum Ausdruck kommen, werden abgeworfen. Gegeben, gespendet wird nicht mehr, um in den Himmel zu kommen oder um darüber reden zu können, sondern weil das Ich heraustreten will aus der Enge des Berechnenden der Egomanie. Gut sein ist kein herauszuhebendes Thema mehr, denn selbstverständliches Handeln, das zum Thema gemacht wird, ist kalte Berechnung.

Die innere Kraft der Individualität ist positiver Ausdruck des Mangels an Abhängigkeit von Äußerlichkeiten und führt daher zu einer Verselbständigung und zum Selbstverständlichwerden des Gebenwollens und des Gebens. Es entsteht die Bereitschaft, Verantwortung zu suchen. Die Betonung liegt auf suchen, denn der Egomaniker übernimmt auch Verantwortung, aber nach dem Prinzip „das Hemd ist mir näher als der Rock". Er übernimmt sie für seine Schönheit, Gesundheit, Annehmlichkeit und auch noch für seine Kinder, vielleicht seine Stadt, sein Land; immer ausgrenzend. Er überwindet aber keine Grenzen. Er verschließt sogar die Augen, dann, wenn sich irgend etwas jenseits von Grenzen abspielt.

Die innere Kraft des Wohlfühlmenschen verleiht ihm die moralischen Flügel, Verantwortung zu suchen, auch dort, wo er sie gar nicht ertragen, geschweige denn tragen kann. Er erträgt den Gedanken des isolierten Wohlfühlens nicht. Moral und Verantwortungsbewußtsein, zwei altmodisch klingende Worte, stehen nämlich im Zentrum der globalisierten Wohlfühlutopia.

James Q. Wilson drückt in seinem Buch „The moral sense“ die Meinung aus, daß Menschen ein natürliches Moralempfinden besitzen. Zitat: *„People have a natural moral sense, a sense that is formed out of the interaction of their innate dispositions with their earliest familial experiences. To different degrees among different people, but to some important degree in almost all people, that moral sense shapes human behavior and the judgments people make of the behavior of others.“*

Bis zu einem gewissen Grad läßt Wilson das Vorhandensein einer „kulturellen Relativität“ im Bereich der Moral anklingen. Aber er lehnt die totale Toleranz gegenüber Verhaltensweisen, die dem natürlichen humanen Rechts- und Gerechtigkeitsempfinden widerstreben, ab. Er bezieht sich ausdrücklich auf den Bestseller „Patterns of culture“ von Ruth Benedict, die die Meinung vertritt, alle Lebensformen hätten ihre gleichrangige Existenzberechtigung. Selbst Kannibalismus, Sklaverei und ethnische Säuberungen dürften demnach nicht außer den Toleranzbereich gestellt werden. Diese These lehnt Wilson ebenso ab wie Konrad Lorenz. Toleranz ist zwar eine der großen Qualitäten des Individualisten, aber das natürliche Moralempfinden setzt der Toleranz unverrückbare Grenzen.

Die Frage des Abwägens zwischen dem Allgemeininteresse und dem Mitleid für den „asozialen Ausfallbehafteten“ drängt sich auf. Konrad Lorenz befaßt sich auf Grundlage seiner jahrzehntelangen Verhaltensforschung mit dieser besonders für die Zukunft der menschlichen Gesellschaft des 21. Jahrhunderts wichtigen Frage. In seinem Buch

„Die acht Todsünden der zivilisierten Menschheit" schreibt er dazu: *„Die Ausschaltung des natürlichen Rechtsgefühls durch die heutige Tendenz zur absoluten Toleranz wird in ihrer gefährlichen Wirkung verstärkt durch die pseudodemokratische Doktrin, daß alles menschliche Verhalten erlernt sei."* Seiner Überzeugung nach wird menschliches Verhalten durch eine Kombination an genetischer Veranlagung und umweltbedingtem Dazulernen geprägt. Konrad Lorenz glaubt zwar, daß es den *„satanisch Bösen"* gibt, betrachtet ihn aber auch eher als den *„beleidenswerten Kranken"*. Wenn aber zu dieser richtigen Einstellung noch *„der Irrglaube pseudodemokratischer Doktrin tritt, daß alles menschliche Verhalten durch Konditionierung strukturiert, daher auch durch sie unbegrenzt verändert und korrigiert werden könne, so kommt es zur schweren Versündigung an der menschlichen Gemeinschaft"*. Die Toleranz der Gesellschaft für den zur Grundmoral Unfähigen, für den „sozial Abartigen" hängt auch mit den hochgepriesenen Selektionskriterien der Egogesellschaft, deren alleinige Orientierung die Konkurrenz ist, zusammen. Konrad Lorenz betont, daß *„kein einziger Faktor am Werke ist, der auf schlichte Güte und Anständigkeit hin Selektion treibt"*. Im Gegenteil, in der Egogesellschaft stellen diese Eigenschaften sogar negative Selektionskriterien dar. Wie soll in einer Gesellschaft, die nur auf Brutalität, Beziehungen, Mobbing setzt, einer an die Spitze kommen, der seine Zeit und seinen Geist dem Mitgefühl und der Fairneß widmet?

Die Renaissance des moralischen Verantwortungsbewußtseins im Alltagsleben ist die Voraussetzung für den Übergang von der Egogesellschaft zur Wohlfühlgesellschaft. Das Ausleben und Teilen der Individualität mit anderen tritt an die Stelle des an Äußerlichkeiten orientierten Egoismus. Der Egoismus ist eine morbide Kraft, die zur Vereinsamung führt. Die Individualität führt zur kreativen Verbrüderung und zum Wohlfühlen mit ausstrahlender Wirkung.

Nach Jahrzehnten, die im Zeichen von Egoismus und reiner Selbstverwirklichung standen, setzt sich eine neue Sehnsucht nach Bindung und Verläßlichkeit durch. Die Familie als Hort der Geborgenheit gewinnt wieder an Wert. Ein Paradigmenwechsel bahnt sich an. In einer Welt, in der Begriffe wie Heimat virtuell geworden sind, wo auch die Kirche viel an ihrer Bindungskraft verloren hat und wo die Ideologien jeder Art matt werden, wird die dauerhafte Zweisamkeit wieder zum begehrten emotionalen Gut. Die verfrüht als überholt erklärte Institution der Ehe wird als Schicksals- und Lebensgemeinschaft zwischen Mann und Frau aber auch zwischen Gleichgeschlechtlichen wieder zum wertvollsten Gut. Die familiäre Gemeinschaft, die sich aus zwei, drei und mehr Menschen zusammensetzt, verspricht in einer Welt, die auf Karriere und Geld fixiert zu sein scheint, Schutz, Vertrautheit und Sicherheit. Die Familie wird zur neuen emotionalen Heimat in einer Umwelt, die unter dem Zwang zu großer Flexibilität und unter der Angst vor den Auswirkungen von Globalisierung und Gentechnik leidet. Gerade in einer Zeit wo vieles im Wandel begriffen ist und wo in der Arbeitswelt stabile Faktoren untergehen, gewinnt die Dauerhaftigkeit von Partnerschaften ihre Bedeutung zurück. Alle Umfragen zeigen es deutlich, daß die Bedeutung der Familie und der Partnerschaft in der Wertskala ganz vorne steht und zwar weit vor Beruf und Freizeit.

Die Bereitschaft, wieder Beziehungen einzugehen, die so lange dauern, daß aus Liebespaaren Elternpaare werden können, steigt wieder. Die Sehnsucht nach Dauerhaftigkeit in der Liebesbeziehung ist freilich auch mit realistischen Erkenntnissen gekoppelt. Das Leben will nicht mehr als eine bunte Folge von Abschnitten der „wunderbaren Leichtigkeit des Seins“ gesehen werden. Die Sehnsucht nach stabiler Bindung ist wohl auch eine Reaktion auf die häufige Schalheit eines Lebens der perspektivenlosen Freizügigkeit.

Während die älteren Menschen zu ihrer Beziehungswelt ein abgeklärtes Verhältnis haben, kommt dieser Trend bei der Jugend noch viel intensiver und mit romantischer Überhöhung zum Ausdruck. Die meisten Jugendlichen glauben an die große Liebe und wünschen sich eine einzige Beziehung für den Rest des Lebens. Ein selbstbezogenes und auf totalen Egoismus ausgerichtetes Leben wird vom Großteil der Jugendlichen schon wieder mehr und mehr abgelehnt. Eine gesetzliche und sogar religiöse, zumindest aber rituelle Legitimation der Partnerschaft wird geradezu zum selbstverständlichen Wunsch. Selbst Homosexuelle, die bisher eher als Feinde „banaler" Bürgerlichkeit galten, wollen offizielle Anerkennung für ihre dauerhafte Bindung. In der modernen Wohlfühlgesellschaft findet das Wir wieder größere Anerkennung als das Ich.

Sogar das Verhalten von manchen Menschen, die im öffentlichen Interesse stehen, weist fast symbolhaft darauf hin, daß die alten Werte der dauerhaften Gemeinsamkeit eine Renaissance erleben. Die Stars der Hochglanzgesellschaft aus Showbusineß und Politik machen es sich allerdings mit ihrem Lebensglück zu zweit ziemlich leicht. Sie bauen ihr – der gaffenden Öffentlichkeit mit großer Extrovertiertheit präsentiertes – neues Familienglück fast immer auf den Ruinen zerbrochener Vorchen auf. Aber immerhin, allein die Tatsache, daß die Glanzlichter der Society mit ihren neuentdeckten großen Dauerlieben hausieren gehen, ist ein überdeutlicher Hinweis dafür, daß ein neuer Trend eingeleitet wurde. Wenn sie sich heute sogar zum bürgerlichen Ideal von Ehe und Familie bekennen, so ist das eben ein Trendsymbol, wenn auch nicht ohne pikanten Beigeschmack.

In den 1980er und 1990er Jahren galt die Scheidung fast als eine Art von Zeichen der Befreiung, ja gar als Qualitätsmerkmal für Frauen oder Männer, unabhängig sein zu wollen. Langsam beginnt die Scheidung gesellschaftspolitisch wieder negativ besetzt zu sein und als Merkmal für

Instabilität und Egoismus zu gelten. Das Schicksal der durch die Scheidung betroffenen Kinder berührt die Gesellschaft zutiefst. Ein egoistisches Vorgehen von Eltern, das den Kindern schadet, wird in der Wohlfühlgesellschaft überaus kritisch betrachtet.

Dieser Entwicklung bewirkt, daß manche Singles stärker das Gefühl bekommen, gar nicht so sehr selbstbestimmend sondern ziemlich isoliert zu sein. Sie scheinen sogar zu befürchten, daß ihr Leben irgendwie unbedeutender sei und vielleicht wenig Sinn habe. Gerade im Hinblick auf die statistischen Fakten, die ja beweisen, wie riesig die Zahl der Single-Haushalte schon geworden ist, kann man aus diesem Umschlagen der menschlichen Gefühlslage große gesellschaftspolitische Veränderungen erwarten.

Die Dauerhaftigkeit der Beziehung, das gemeinsame durch „Dick und Dünn" gehen, das Zusammenhalten wie „Pech und Schwefel" haben wieder enorm an sozialem Prestige gewonnen. Was gemeinsam geschaffen wurde im Bereich der Kinder, des sozialen Umfeldes, der geistigen Erfahrungen, der gemeinsamen Interessen steht in der Wertskala sehr hoch oben. Das Sozialprestige, eine zweite Dauerbeziehung mit einem wesentlich jüngeren Partner einzugehen, ist gesunken. Daß diese Möglichkeit, zumindest jedem, der materiell gut genug situiert ist, offen steht, wird längst nicht mehr bezweifelt. In der Abwägung zwischen den Werten einer Dauerbeziehung, die auf vielen Gemeinsamkeiten aufbaut, und dem Reiz einer Neubeziehung, die vorübergehend aufregend ist, gewinnen wieder häufiger das Verantwortungsgefühl und die Überwindung des Egoismus. In einer Welt, in der ohnehin alles möglich ist, wo längst die meisten sexuellen Schranken gefallen sind, wird der Mut zur Dauerhaftigkeit und zum schlichten Verantwortungsgefühl zum bestimmenden moralischen Qualitätsmerkmal.

Worauf ist dieser Paradigmenwechsel bei den menschlichen Beziehungen zurückzuführen? Welche Umstände haben es bewirkt, daß die dauerhafte Zweisamkeit und die daraus resultierende größere Familie zur Idealvorstellung der Wohlfühlgesellschaft wird? Ist es eine Antwort auf die mediale Tyrannei der Lust?

Keine Gesellschaft wurde je mit solcher Intensität von den Medien, der Werbung und dem freien Markt mit Sex bombardiert, wie jene, in der wir während der letzten Jahrzehnte lebten und heute noch leben. Die übermächtige Hochglanzerotik, mit der wir uns auseinandersetzen müssen, führt mit fast logischer Konsequenz zu Reaktionen in den Köpfen und Herzen der meisten Menschen. Die rasante Sexualisierung und Übersexualisierung der Mode, der Werbung, der Filmbranche, ja selbst des Theaters müssen notwendigerweise zu einer Neubestimmung der sexuellen Umgangsformen im Privatleben führen.

Der Mensch stößt fast überall auf erotisch aufgeladene Botschaften und Bilder. Bilder der Verführung, der Ekstase schlagen ihm entgegen, gleichgültig ob er Zeitschriften öffnet, ins Kino geht, im Internet surft, ob er Modeschauen besucht, ja auch wenn er nur spazierengeht. Selbst die phantastischen, großformatigen Plakatwände mit äußerst erotischen Unterwäschereklamen, die von makellos schönen Models in suggestiver Weise getragen werden, haben durch die Inflation der Nacktheit im Straßenbild etwas an ihrer Faszination verloren. Die verführerische Demonstration einer fast überirdisch perfekten Schönheit und einer vordergründigen aber gleichzeitig unerreichbaren Sexualität, haben zu einer unbewußten Rückbesinnung geführt.

Der gesellschaftsökonomische Erfolg der vergangenen Jahre, der besonders stark auf einer Kombination von Narzißmus, Exhibitionismus und Körperkommunikation beruht, beginnt zu bröckeln. Das zu deutliche Kommunizieren mit Hilfe rein erotischer und sexueller Signale bewirkt inzwischen schon ein sich langsames Wegwenden vom übertrieben Körperlichen. Der Wohlfühlmensch sieht Sex nicht so sehr als Kommunikationsmittel, sondern viel mehr als echte Erfüllung, ja als wichtigen Teil der Partnerschaft.

Die moderne, so vordergründige und überaufdringliche Sexualität kann erstaunlich unerotisch sein. Diese Enterotisierung der Sexualität bewirkt eine Art von Abstumpfung und verstärkt bei vielen Menschen ein aufkommendes Gefühl der Gleichgültigkeit. Ein Trend des Nicht-mehr-wahrnehmen-Wollens der inflationären, kommerziellen Sexsignale ist unübersehbar und sollte auch der Werbebranche zu denken geben. Viele Menschen fühlen sich durch allzu häufige Darstellung von Selbstliebe und Narzißmus, durch dieses Heischen nach Bewunderung von klinisch wirkenden Schönheiten eher bedrängt. Sie koppeln sich von dieser allgegenwärtigen Umwelt marktschreierischer Nacktheit ab und haben in einer natürlichen Sexualität, die keine glatte Perfektion braucht, neue Erfüllung gefunden. So hat die öffentliche Allgegenwart des Sexuellen den „klassischen" Sex zwischen Mensch und Mensch und auch die Dauerbeziehung zwischen Mensch und Mensch ungewollt gefördert. Obwohl oder gerade weil sich die Möglichkeiten und Freiheiten bis ins Schrankenlose erweitert haben, ja im Cyberspace globalisiert werden, sucht der Wohlfühlmensch den seelischen und erotischen Kitzel in der geborgenen Zweisamkeit.

„Wer zweimal mit derselben pennt, gehört schon zum Establishment." Dieser Leitspruch vieler Machos einer krankhaft egomanischen Generation hat in der Wohlfühlgesellschaft keine Gültigkeit mehr. Die Meinungsforschungsergebnisse verweisen den Sex unter den wichtigen Elementen im Leben an eine Stelle, die erst nach Familie, Freundschaft, Gesundheit, Liebe und Karriere kommt. Sex hat seine Kraft und Bedeutung keineswegs verloren. Er steht aber nicht mehr isoliert als alleiniges Lebens-, Erfolgs- und Gesellschaftskriterium im Raum. Er ist eingebettet in Liebe und Familie.

Eine große Errungenschaft des Technologiezeitalters ist das Ende der geistigen Isolation der Menschen. Die technische Möglichkeit sich zu informieren ist zugegebenermaßen allerdings noch lange kein Hindernis dafür, sich trotzdem Scheuklappen anzulegen. Auch heute noch sieht so mancher Verstockte über seinen Gartenzaun nicht hinaus. So zu leben ist aber seine ureigene persönliche Entscheidung. Früher bedeutete räumliche Entfernung fast notwendigerweise auch geistige Distanz. Die Transportmittel waren langsam, und Reisen war zeit- und kostenraubend. Um über andere Kulturen, andere Lebensweisen, andere Länder informiert zu sein, war eine, im Vergleich zu heute, große Anstrengung notwendig.

Pessimisten und Menschen mit chauvinistischer Grundeinstellung neigen dazu, angesichts der explodierenden Informationsdichte vor Gleichmacherei und vor einem kulturellen Eintopf, der einst die ganze Welt umspannen wird, zu warnen. Tatsache ist natürlich, daß eine intensivierte gegenseitige Beeinflussung stattfindet. Worte und Ausdrücke aus anderen Sprachen werden übernommen. Durchaus entbehrliche, grenzüberschreitende Einflüsse auf die Massen, die aus scichten Fernsehproduktionen stammen, kann niemand wegleugnen.

Die neuen Möglichkeiten des raschen Austausches, des gegenseitigen Mitwirkens und einfach des über einander Wissens, sind aber insgesamt eine der positiven Auswirkungen des technologischen Fortschrittes. Es wäre wohl nur teilweise richtig zu behaupten, daß die Technik Kultur und Kunst unmittelbar beeinflußt und verändert hat. Sie hat aber im Wege über den menschlichen Geist und seine Kreativität neue Wege geöffnet, die Lebensformen zu gestalten und sich mit dem Phänomen Kultur auseinanderzusetzen. Neue Entwicklungen in der Technik führten nie unmittelbar zu einem

Wertewandel, wohl aber zu veränderten Gestaltungsmöglichkeiten, die sie den Menschen boten. Der große Trend zur Automatisierung in vielen Wirtschaftsbereichen hat bewirkt, daß der Freizeitanteil am menschlichen Leben viel größer geworden ist, und der Mensch mehr Zeit mit kulturorientierten Aktivitäten im weitesten Sinne verbringen kann.

Häufig wird im Zusammenhang mit den neuen Kommunikationssystemen und der Globalisierung vor der Verflachung von Kulturen und vor der Schaffung von allmächtigen Leitkulturen gewarnt. Die Geschichte beweist uns aber, daß die stärksten Kräfte zur kulturellen Unterdrückung und zur Beseitigung ethnischer Identitäten von Eroberungen ausgegangen sind. Es waren militärische, politische und religiöse Kräfte, die für kulturelle, Glaubens- und sogar sprachliche Unterdrückung gesorgt haben. Wo immer beispielsweise der Islam sich installierte, wischte er die lokalen Kulturen weg und führte seinen sehr uniformen Lebensstil ein. Bei diesen geschichtlichen Vorgängen war nicht die Technologie, sondern das Schwert das Instrument der Unterwerfung. Daniel Bell weist in seinem Buch „The Coming of Post-Industrial Society“ darauf hin, daß politische Systeme zusammengebrochen und Wirtschaftssysteme (Marxismus) verschwunden sind, aber die großen Weltreligionen – Buddhismus, Hinduismus, Judaismus, Christentum und der Islam – die historischen Entwicklungen inhaltlich weitgehend intakt überstanden haben.

Die Technologie ist mehr für die Geschwindigkeit der Wandlungsprozesse als für deren Inhalt verantwortlich. Was die Technik hingegen eindeutig bewirkt hat, ist der universelle Zugang zu allen Formen der Kultur, der Mode und der Trendentwicklung. Das Teilhaben am „modernen Leben“ ist kein Privileg der Städter mehr. Vielleicht gibt es noch kleine zeitliche Verzögerungsschritte zwischen einzelnen Städten oder Ländern und zwischen Großstadt, Kleinstadt und Land bis sich ein neuer Trend flächendeckend etabliert hat. Aber die modische Eroberung der Menschen geht immer rasanter vor sich. Auch das Rad des Wechselspiels der universellen Geschmäcker dreht sich immer rascher. Für den Sparsamen wird es zusehends interessanter, modisch ausgediente Kleidungsstücke aufzubewahren, denn der Zeitrahmen, bis er sie wieder als „neuesten Schrei“ aus der Versenkung holen kann, wird überschaubar.

Die Konsumgüterindustrie mit ihrer Werbemacht und die Unterhaltungsindustrie bewirken eine fast weltweite Globalisierung des Geschmackes. Bekleidungsmode, Frisuren, Trends zur Selbstdekoration wirken wie freiwillig übernommene Zwänge zur Uniformiertheit. Man hat es, man tut es, man muß es! Die Marketingmaschine dahinter ist auf „Brainwashing“ im Sinne von „Trendsetting“ spezialisiert. Sie beherrscht diese Kunst, sie übt diese Macht gnadenlos aus, es gibt kein Entkommen. Wenn ein gewinnträchtiger neuer Trend erfunden wird, dann setzt er sich wie eine hochansteckende Seuche in Bewegung und kontaminiert die Welt der Konsumenten.

Hat die Globalisierung des kleinen Geschmacks einen positiven Nebeneffekt, der fast überall sichtbar wird? Es scheint so. Denn gleichzeitig bemerken wir ein Erstarken des lokalen Selbstbewußtseins, gepaart mit dem Bedürfnis, althergebrachte Gepflogenheiten wieder aufleben zu lassen und sich zu kleinen Heimaten zu bekennen. Die bessere Kommunikationsmöglichkeit durch das viele Reisen und mit Hilfe der Informationsmedien bewirkt einen wesentlich häufigeren und stärkeren kulturellen Austausch zwischen Regionen und Städten verschiedener Länder, Staaten und Erdteile. Eine weltweite Bewegung zu einem vernetzten, bunten Mosaik kultureller Verschiedenartigkeit beginnt sich zu entwickeln. Das Cyberspace wird sicher nicht bewirken, daß weltumspannend eine gleichgemachte Einheitskultur herrscht. Viele selbstbewußte, kulturelle Identitäten werden sich gegenseitig besser kennen und gegenseitig befruchten.

Wohl aber bewirkt die einseitige, wirtschaftliche Machtverteilung zwischen Staaten, die Konzentration der Filmproduktion, die Allmacht der Konsumgüterkonzerne, sowie die Nachrichtenmonopole in einigen wenigen Zentren, daß es große Blöcke der massiven kultur- und informationspolitischen Einflußnahme gibt. Solche dominante Einflüsse auf große Teile der Erdbevölkerung gehen von Amerika und China aus. Von einem gesamteuropäischen kulturellen Einfluß hingegen kann noch kaum gesprochen werden. Europa selbst ist viel zu sehr kulturelle Vielfalt und will dies auch bleiben, um einem amerikanischen Werteblock etwas Mächtiges entgegensetzen zu können.

Die großen Weltkulturen sind aber zum Glück nicht in der Lage, lokale Kulturen auszulöschen. Der großräumigen Fernberieselung steht das gleichzeitige Erstarken heimischer Identitätssuche gegenüber.

Der Einfluß internationaler Konsumgütermarken und Nahrungsmittelketten sind die am stärksten sichtbaren Zeichen einer Globalisierung, die auf die Lebensgewohnheiten weltweit Auswirkungen haben. Auch hier ist eine gegenseitige Befruchtung spürbar. So übernehmen Fast-food-Ketten häufig Rezepte aus den verschiedensten Kulturkreisen.

Eine der großen Errungenschaften der Wohlfühlgesellschaft ist es, daß die Menschen nicht nur ihre eigene Kultur pflegen können, sondern auch über die Möglichkeit verfügen, an anderen Kulturen Anteil zu nehmen. Neben dem virtuellen und reisebedingten Kulturaustausch „besuchen" und durchdringen sich die Kulturen auch in physischer und friedlicher Weise gegenseitig. Man denke nur an die vielen Ausstellungen über andere Kulturen, den Austausch an Dirigenten, Orchestern und Sängern oder selbst an die Beliebtheit ethnischer Restaurants.

Die Politik hat die äußerst wichtige Aufgabe, dafür zu sorgen, daß möglichst alle Menschen, die in unserer Zeit der fortgeschrittenen informativen Vernetzung leben, Anschluß an das „Netz“ bekommen. Gleichzeitig muß sie aber auch dazu beitragen, daß all jene Aktivitäten und Initiativen, die der Erhaltung kultureller Identität dienen, gefördert werden.

In der Wohlfühlgesellschaft kann jeder über seine kulturellen Bedürfnisse und deren Erfüllung selbst entscheiden. Ob Volkskultur oder Hochkultur, ob kulturelle Beiträge in seiner Muttersprache oder in anderen Sprachen, es wird ihm alles geboten und es liegt an ihm auszuwählen. Der Zugang zu den Megaereignissen der Hochkultur sind längst nicht mehr einer winzigen Zahl privilegierter Besucher von Opernhäusern vorbehalten. Wenn auch die wenigsten live dabei sein können, so können sich doch viele, die daran interessiert sind, diesen Kulturgenuß nach Hause holen. Manche große Künstler wollen gar nicht mehr auf der Bühne auftreten, sondern nur mehr in Studios Aufzeichnungen machen.

Die Auseinandersetzung zwischen Massengeschmack und gewolltem Elitediktat prallen in der Gesellschaft aufeinander. Da spielt viel Kommerzielles und Politisches hinein. Vorsicht vor Inquisitionstendenzen bei Lokalpolitikern, die dem breiten Wunsch von volkstümlerischen Wählern entgegenkommen!

Kunst, die sich an den breiten Bedürfnissen orientiert, kann in den Verdacht kommen, den wirtschaftlichen Erfolg zum alleinigen Gestaltungsmotiv zu machen. Der Markt bringt es mit sich, daß die Bedürfnisse der Menschen zur Spekulationsbasis so manchen Künstlers werden. Seine Werke entsprechen dem Anspruch der Massen, sie sind als Ergebnis der Marktforschung eine Wunschproduktion. Die elitäre Ideologie, die massenhaften Wünsche einfach in Bausch und Bogen als manipuliert und falsch zu deklarieren, ist aber als überspitzt und unrealistisch abzulehnen. Schockierend ist es, wenn Politiker sich auf die Rolle des Schiedsrichters des guten Geschmacks einlassen. Politiker, die kulturpolitische Noten aufgrund ihres persönlichen Geschmackes verteilen, sind eitle Einfaltspinsel. Wenn sie aufgrund dieser Noten Subventionen verteilen, sind sie bereits auf dem Weg zur Diktatur. Wenn aber gar die Volksseele ausgelotet wird, um dann für oder gegen Künstler Stimmung zu machen, dann sind die Grenzen der politischen Korrektheit bei weitem überschritten.

Was spricht schon dagegen, wenn jemand in der Gesellschaft seiner Gartenzwerge eine Mozartsonate hört oder sich während der Lektüre eines bedeutenden Werkes der Literatur von seichter Schlagermusik beträufeln läßt? Man sollte endlich aufhören zu schulmeistern.

Das trifft auch auf einen Zweig der Malerei zu, der in unserer Zeit der Reisekonkurrenz durch die Werbung benützt wird wie kein anderer Teil des künstlerischen Schaffens: die Landschaftsmalerei. Muß sich dieser Kunstzweig vor „werblicher Ausbeutung" schützen? Oder darf die Werbung den Künstler sogar inspirieren? Unterwirft er sich da nicht allzusehr dem glatten Gegenteil des Elitediktats, dem Gebot des Marktes, also dem Wunsch der Mehrheit der Massen?

Wohl nicht, denn Landschaftsmalerei war immer auch Ausdruck der Sehnsüchte und Idealvorstellungen von Gesellschaften, also der Mehrheit der Menschen. So liebte der Impressionismus lichtreiche, farbenauflösende Landschaften an der Seine oder in der Provence und das Barock die idealen, gestalteten Parklandschaften. Warum soll sich der Landschaftsmaler der New Economy-Epoche nicht am Lebensstil seiner Gesellschaft orientieren, die den Konsum zum großen Inhalt erkoren hat?

Toleranz als Gegensatz von Fundamentalismus ist mitbestimmend für den kulturellen Weitblick. Der Toleranz sind dort Grenzen gesetzt, wo sie Böses zuläßt. Wo sind aber die Grenzen der Toleranz in der Frage des Geschmackes? Ist Geschmack in Fragen der Kunst so subjektiv, daß die Toleranz hier keine Grenzen kennt? Für den Wohlfühlmenschen ist das schnöde Zurückweisen künstlerischer Expressionen jedenfalls Ausdruck der Intoleranz. Jede Kritik orientiert sich an den Kriterien des Marktes, denn in der letzten Konsequenz bestimmt irgendein Markt auch über die Qualität in der Kunst. Selbst der unbestrittenste Kunstkritiker muß seine Kritik verkaufen. Seine Kritik hat Marktgeltung, aber nicht mehr. Das soll aber nicht heißen, daß Kritik unbedeutend ist. Sie kann nur Anregung sein wollen und nie Befehl. Ein Grundrecht jedes Menschen ist sein seinem subjektiven Empfinden, seinem Geschmack entsprechendes Urteil über Kunst. Eine Meinung, auch wenn sie für andere, vielleicht für fast alle, schlechten Geschmack ausdrückt, ist keine Schande. Nicht alle beherrschen „dieselbe Sprache", wenn es um das Empfinden und vielleicht Verstehen der Kunst geht.

Es wäre bequem, wenn alle Menschen dieselbe Sprache sprächen. Aber die Welt wäre weniger interessant. Sprachen passen nämlich zu Menschen wie ihre Lebensgewohnheiten und ihre Küche. Dieses menschliche Kommunikationsmittel, das den Menschen von den meisten Tieren unterscheidet, hat sich nicht zufällig in einer so verwirrenden Vielfalt entwickelt. Das Erhalten sprachlicher Identitäten, auch wenn es die Sprachen von Minoritäten sind, muß als wichtiges kulturpolitisches Anliegen festgeschrieben werden. Jede Art von sprachpolitischem Chauvinismus und von Vokabelausgrenzung ist geradezu lächerlich. Es ist ein völlig normaler Zustand, daß durch die Globalisierung gegenseitige sprachliche Einflußnahmen zustandekommen. Selbstverständlich verständigen sich Fachleute, die sich weltweit mit schwierigen neuen technologischen Materien befassen, in einer sich dafür besonders gut geeigneten Sprache.

Englisch ist aus historischen und vor allem auch praktischen Gründen eine Weltsprache. Chinesisch ist es, weil es besonders viele Chinesen auf der Welt gibt. Das Englische ist zwar bei weitem nicht die meist gesprochene Erstsprache, aber mit Abstand die wichtigste Zweitsprache. Sie steht einfach für unkompliziertes Denken, für Dynamik und auch für

Fortschritt. Englisch macht sich in der Werbung gut und gilt bei der internationalen Jugend als schick. Die Angst der deutschen Sprachhüter vor einer zunehmenden Amerikanisierung besteht sicher zu recht. Diese Entwicklung darf aber wohl in ihrer Bedeutung nicht überbewertet werden. Alle militanten Sprachausgrenzungsversuche bewirken eher das Gegenteil. Da wäre es schon sinnvoller, wenn sich Journalisten und Lehrer häufiger darum bemühen würden, in Fällen, wo sich englische Modewörter anbieten, die ebenfalls vorhandenen, oft besser passenden, deutschen Wörter anzuwenden.

Die Filmindustrie ist wohl dafür verantwortlich, daß die amerikanische Lebensart so gerne nachgeäfft wird. Besonders stark blühen pseudoamerikanische Verhaltensweisen, der Gebrauch amerikanischer Wörter und Konsumgewohnheiten in den ehemaligen Ostblockländern. Der gigantische Aufholbedarf, der sich hier aufgestaut hat, bewegt die Menschen dazu, von der extremen Tristesse des Kommunismus gleich den Sprung bis ins ferne Amerika machen zu wollen.

Genaugenommen drückt die unterschiedlich klingende Art, wie das Englische in verschiedenen Teilen der Welt gesprochen wird, nichts anderes als die jeweilige kulturelle Identität aus. So ist ein englischsprechender Inder, ein Südstaatler der Vereinigten Staaten, ein Italiener, ein Deutschsprachiger und fast jeder andere, selbst wenn man ihn gar nicht kennt oder sieht, beim Sprechen der englischen Sprache meistens ganz eindeutig zu identifizieren. Englisch hat sich zu einer Art Rahmensprache entwickelt, die sich offensichtlich am besten zur Kommunikation zwischen Menschen, die verschiedene Muttersprachen haben, eignet. Es ist zum transnationalen Verständigungsmittel schlechthin geworden.

Solange der Einfluß einer Sprache auf die andere, insbesondere vom Englischen auf das Deutsche, an der Oberfläche bleibt, ist diese Entwicklung als harmlos einzustufen: wenn also einzelne Worte in den Sprachschatz aufgenommen werden und die eigenen daneben unbehelligt weiterhin bestehen bleiben. Man könnte das vielleicht sogar eine Bereicherung der Sprache nennen. Gefährlicher wird es dann, wenn die Veränderung in die Tiefe geht, wenn also der Sprachgeist berührt wird und es zu Veränderungen in der Grammatik kommt.

Die Werbebranche bedient sich in oft sehr witziger und geistreicher Weise einer durchaus anregenden und effizienten Verknüpfung und Vermischung verschiedener Idiome. Eine zunehmend multikulturelle Gesellschaft wird sich auch an eine zunehmend multisprachige Ausdrucksweise gewöhnen müssen. Ein kluges Sprachmosaik, eventuell auch in der Literatur, muß nicht im Gegensatz zu Bemühungen, sprachliche und kulturelle Identitäten zu erhalten, stehen. Jede Art von Ausgrenzungsversuch widerspricht der Wohlfühlphilosophie. Wer glaubt, sich absolut nur in der eigenen Haut und in der eigenen Sprache wohlfühlen zu können und wer den Kontakt mit dem anderen scheut, steht außerhalb des Wohlfühlgedankens. Es gibt keinen Wohlfühlchauvinismus.

Moderne Völkerwanderungen, wie sie seit Jahren auch auf dem amerikanischen Kontinent stattfinden, führen zu Verschiebungen in der Sprachdominanz. Während in den Vereinigten Staaten spanisch in manchen Gegenden schon zur ersten Sprache geworden ist und mit Abstand die bedeutendste Zweitsprache ist, gewinnen im Westen Kanadas chinesisch und in Neuseeland japanisch zusehends an Bedeutung. Der Siegeszug des Englischen scheint auf verschiedenen Ebenen zu bröckeln. Die Computer Software, die den Ruf hat, mit ihren englischen Fachausdrücken die Vielfalt zu verringern, unterstützt zusehends die Übersetzung von digitalisiertem Text und Wort. So spart die Brüsseler Bürokratie durch ein solches System bereits ein Drittel der Dolmetschkosten ein.

Die Gesellschaft des 21. Jahrhunderts wird viele Sprachen sprechen und sich mit Hilfe der Toleranz und Technik besser über Grenzen hinweg verstehen können, als jede Gesellschaft vor ihr.

Der Anspruch, Wohlfühlmensch zu sein, besteht von der Geburt bis zum Tod. Babys und Kindern wird üblicherweise durch sorgende Eltern der Zustand des Wohlfühlens geboten. Über weite Strecken des Erwachsenendaseins hat der Mensch sein Schicksal selbst fest in der Hand. Erst im späten Alter kann er wieder abhängig werden. Es tritt die moralische Verantwortung der Familie und der Gemeinschaft ein, die dafür sorgen müssen, daß Menschen ein würdevolles Dasein bis zum Ende haben. Eine Gesellschaft, die die Bedeutung verschiedener Lebensabschnitte verschieden hoch bewertet, zerstört sich selbst.

Vieles spricht dafür, daß lebenslanges Wohlfühlen eng mit lebenslangem Lernen zusammenhängt. Bis weit herauf in das letzte Jahrhundert starben viele Menschen aufgrund der damals noch viel kürzeren Lebenserwartung schon als sie noch im Vollbesitz ihrer geistigen Kräfte waren. Heute bewirken die Fortschritte in der Medizin, daß Menschen sehr alt werden und eigentlich das Gegenteil eintritt, nämlich, daß die körperliche Funktionsfähigkeit noch gegeben ist, während die geistige Schwäche schon eingetreten ist.

Die Verhältnisse haben sich in mehrfacher Hinsicht radikal geändert. Die Wissenswelt, die von den einzelnen aufgenommen werden mußte, war früher, bei viel kürzerer Lebenserwartung, wesentlich kompakter. Heute ist sie, bei einer fast doppelt so hohen Lebenserwartung, verstärktem Wachstum, laufenden Änderungen und radikalen Brüchen ausgesetzt.

Der Mensch kann also nicht mehr mit etwa fünfundzwanzig oder dreißig Jahren sagen, „bis hierher war ich ein Lernender und ab nun werde ich die verbleibenden zirka dreißig Jahre mein Wissen nützen". Wenn heute einer glaubt, mit dreißig Jahren ausgelernt zu haben, dann müßte er dieses Wissen möglicherweise sechzig Jahre und länger anwenden.

Einen großen Teil, nämlich etwa dreißig Jahre oder ein Drittel seines Lebens, steht er dann üblicherweise schon außerhalb des Berufslebens.

Lebenslanges Lernen wird in dieser neuen demographischen und gesellschaftspolitischen Situation zum alleinigen Hoffnungswort. Lernen bewirkt Wohlfühlen. Nicht nur weil es Gehirntraining ist, sondern auch weil es dazu führt, daß Menschen im Bild und damit, wenn auch eventuell aus Distanz, im Geschehen bleiben.

Wie hieß es doch früher? „Wir lernen nicht für die Schule, sondern für das Leben." Aus dem Lernen für das Leben wurde das lebenslange Lernen und schließlich das Leben für das Lernen.

Der Wohlfühlmensch zweifelt an seinen fortbestehenden Entwicklungschancen im Geistigen und in geringerem Maße auch im körperlichen Bereich bis in das hohe Alter längst nicht mehr. Es ist eine empirische Tatsache, daß 60-, 70-, 80jährige und sogar noch Ältere, die systematisch lernenden Beschäftigungen nachgehen, mental außerordentlich fit sein können. Durch den Drang zu lernen, weiter zu lernen und in neue Bereiche einzusteigen, wird nicht etwa das Bekenntnis abgegeben, in der Jugend einiges versäumt zu haben. Die frühzeitige Meinung, jetzt habe ich das Meinige geleistet, jetzt habe ich alles gelernt, was ich brauche, und nun kann ich mich zurücklehnen, würde in unserer Zeit hochmütig wirken. Vielleicht würde ein solches Denken auch eine Art von Wohlfühlen, das Wohlfühlen der Bequemlichkeit bewirken. Es ist nicht gesagt, daß der Wohlfühlmensch intelligent sein muß, oder daß Wohlfühlen und Intelligenz zusammenhängen. Aber Trägheit paßt nicht recht in den Zeitgeist der nach Wissen strebenden Moderne.

Der bis zum Ende lernende Mensch lebt mit dem Bewußtsein, daß er unfertig ist, und er muß sich damit abfinden, daß sich dieses Bewußtsein ständig ausweitet. Kann er sich in einer Welt mit exponentiell zunehmendem Wissen, an das er nie vollständig herankommen kann, weder objektiv noch biologisch, überhaupt wohlfühlen? Kann er sich in diesem seinen Leben der ewigen Unfertigkeit geborgen fühlen? Er kann durch den Versuch, Neues zu erfassen und neue Erkenntnisse zu gewinnen, Befriedigung finden. Der Unterschied zwischen lernenden und nichtlernenden alten Menschen ist, daß jene, die resigniert haben und nicht mehr zu den Lernenden gehören, gar nicht alt sein wollen. Die meisten Lernenden wollen aber alt werden und auch alt sein. Fast alle wollen alt werden, aber nur ein Teil, nämlich die Gruppe der Lernbegierigen, kann das Altsein bewußt genießen.

Was ist das Alter? In der heutigen Zeit muß man sehr deutlich zwischen verschiedenen Phasen unterscheiden. Das junge Alter ist eine Zeit, die noch voller Tatkraft steckt, während das hohe Alter meistens einen Ausklang darstellt, der lang dauern und durch Weiterlernen versüßt werden kann. Es ist ein Lebensabschnitt der Einschränkungen und der biologischen Unpäßlichkeiten, die ständig zunehmen. Das Ziel des Wohlfühlmenschen ist es nicht unbedingt, ein hohes Alter zu erreichen, aber er möchte, wenn ihm dies beschieden ist, würdig und lernend alt sein.

Manche Pessimisten vertreten die Ansicht, daß auch das lebenslange Lernen dem späten Lebensüberdruß, der bei Uralten zunimmt, keinen Einhalt gebietet. Der Aktivismus der Jungsenioren bewirkt, meinen sie, daß die große Leere dann mit umso größerer Wucht über sie hereinbricht. Statt die lebenslang erprobte Rastlosigkeit fortzusetzen, sei es besser, sich rechtzeitig darauf einzustellen, überflüssig zu werden. Eine Botschaft, die der optimistischen Wohlfühlphilosophie diametral widerspricht. Ohne biologische Realitäten wegleugnen zu können oder zu wollen, kann der bedingungslose Wohlfühloptimismus dem Leben bis in die letzte Phase einen persönlichen Mehrwert bescheren.

Der biologische Wandlungsprozeß des Alterns geht heute mit gleichzeitigen schier unglaublichen gesellschaftlichen und technologischen Wandlungsprozessen einher. Die Forderung an den alternden Menschen, seine eigene mit Verschleiß verknüpfte Evolution zu verkraften und gleichzeitig auch die revolutionären Veränderungen der Zeit mitzuleben, mitzulernen, vielleicht mitzugestalten, ist sehr anspruchsvoll. Es besteht sogar die Gefahr, daß alte Menschen, die sich in der Computerwelt nicht mehr zurechtfinden, innerhalb der Gesellschaft an Prestige verlieren.

Die Globalisierung und der weltweite Wettbewerb bringen für den reifen Menschen aber auch enorme Chancen. Im neuen Konkurrenzkampf der Geister, der keine Grenzen mehr kennt, wird Erfahrung, die aus ausgedehntem, lebenslangem Lernen entstanden ist, einen hohen Stellenwert haben. Es wird um den höchsten persönlichen intellektuellen Entwicklungsstand, um die leistungsfähigsten Menschen gehen, wobei das Lebensalter oder verordnete Zustände, wie etwa die Pensionierung, keine Rolle mehr spielen können. Der lebenslange Entwicklungsprozeß wird hervorragende Senioren plötzlich wieder in den Konkurrenzkampf werfen. Die Gesellschaft des permanenten Lernens, der nicht enden wollenden Weiterentwicklung wird früher oder später auch die wirtschaftlichen und staatlichen Institutionen neu strukturieren müssen. Die Verankerung des Menschen in der Gesellschaft wird nicht mehr nach Alterstufen vor sich gehen können. Die drei Lebensphasen – Ausbildung, Beruf, Pension – werden verschmelzen. Viele Menschen werden in allen drei Phasen lernen, schaffen und kreativ sein.

Allein die Vorstellung des Studienabschlusses, als Krönung einer Lernzeit durch einen akademischen Titel gewürdigt, der einen endgültigen Strich unter das Lernalter eines Menschen zieht, hat in der heutigen Welt eine völlig verkehrte Symbolik. Die Welt der Ausbildung ist längst nicht mehr den Kindern und der Jugend vorbehalten. Jugendliche Lernende oder Studenten sollten aber nicht durch zu viele alte Mitstudierende belastet werden. Umso mehr wird es immer wichtiger, für vielfältige Bildungsangebote für alle Lebensetappen zu sorgen. Die innerbetriebliche Weiterbildung bis zu eigenen Universitäten, die es in großen amerikanischen Konzernen schon gibt, gewinnt zusehends an Bedeutung. Aber auch das traditionelle Bildungssystem muß im Sinne des lebenslangen Lernens reformiert werden.

Eine große Chance für ältere und alte studierende Menschen stellt die virtuelle Hochschule dar. Der reine Online-Student, der *Studiosus electronicus,* ist für Menschen, die in der Vollkraft ihrer physischen Kräfte stehen, normalerweise keine erstrebenswerte Variante. Aber physisch behinderte Menschen oder Alte, deren mangelnde Mobilität sie an das Haus kettet, finden in der Fernuniversität oder durch das Studium im Cyberspace einen großartigen neuen Lebensinhalt. Die weltweit zugängliche Online-Universität wird hoffentlich eines Tages verwirklicht werden. Sie würde durch die freie Bildung für jeden echte Chancengleichheit für alle ermöglichen.

In einer Zeit der steigenden Lebenserwartung und des gleichzeitigen Geburtenrückganges ist Vergeudung von Humankapital durch das viel zu niedrige Pensionsalter vor allem ein ökonomischer Wahnsinn. Erfolgreiche Konzerne haben längst umzudenken und umzuorganisieren begonnen. Sie wissen ganz genau, in welchen Bereichen und Positionen alte Menschen mit einer höheren Lebenserfahrung und mit solider sozialer Kompetenz eingesetzt werden können. Sie berücksichtigen aber auch, daß ältere Menschen physisch weniger belastbar sind und daß ihre Kapazität, rasch zu lernen, weniger ausgeprägt ist, als bei jüngeren Kollegen. Der Arbeitsmarkt bedarf heute einer viel größeren Flexibilität, auch im Hinblick auf die Frage der Beschäftigung von Menschen sehr verschiedener Alterskategorien. Bei japanischen Firmen sind bestimmte Positionen, die ganz besondere altersspezifische Kompetenzen erfordern, oft Persönlichkeiten sehr fortgeschrittenen Alters vorbehalten. Und in Amerika werden auch sehr alte Menschen, die ein Bedürfnis nach sozialem Tätigsein empfinden, im öffentlichen Bereich, etwa zur Bewachung von Kinderspielplätzen, eingesetzt.

Es wird eine wichtige Aufgabe der Sozialpolitik kommender Jahrzehnte sein, das enorme kreative und arbeitswillige Potential der alten Menschen zu aktivieren. Diese Politik wird nicht nur für das Funktionieren der Gesellschaft insgesamt Bedeutung haben. Sie wird es auch dem einzelnen ermöglichen, das Gefühl, noch ein wichtiger Bestandteil der Gesellschaft zu sein, zu festigen und jenen wichtigen Optimismus zu entwickeln, der sein Wohlfühlen erst erlaubt. In einem Zeitalter, wo bald die Hälfte aller Menschen 80 Jahre und älter wird, darf Alter ebenso wie „Rasse“ oder Geschlecht nicht zur Diskriminierung am Arbeitsplatz führen. Es muß auch mit der Meinung aufgeräumt werden, daß Arbeitsfähigkeit und Talent mit einem bestimmten Alter zu Ende gehen. Im Gegenteil, Menschen, die im sogenannten Ruhestand intensiv zu lernen beginnen, stellen fest, daß sie auch zu äußerst produktiven Neuanfängen fähig sind.

Die wichtigste Aufgabe der Eltern ist es, ihren Kindern Optimismus und positives Denken mitzugeben. Nur wer positiv denken kann, ist auch in der Lage, an seine eigene Gestaltungskraft zu glauben. Diese beiden Grundeigenschaften haben bis ins hohe Alter Gültigkeit. Es bedarf eines großen Ausmaßes an Optimismus und positivem Denken um überzeugt zu bleiben, daß man immer weiter entwicklungsfähig ist.

Der Wohlfühlmensch ist ein lebenslang lernender Optimist. Seine Unfertigkeit nimmt er mit ins Grab. Außer er gehört zu den Gläubigen, die davon ausgehen, sich im Jenseits weiterentwickeln zu können. Aber selbst die Überzeugung, daß die Unfertigkeit im Diesseits endgültig ist, ist kein Hindernis, den ewigen Lernversuch zu genießen.

Die modernen Medien verfügen über die große Macht der Inszenierung. Sie ermöglicht es ihnen, immer tiefer in die Wirklichkeit einzudringen. Kein Wunder, daß die Sehsucht nach dem wirklich Wirklichen enorm steigt. Aber selbst sie kann auf Knopfdruck von den Medien gewissermaßen selbst befriedigt werden. Die neue Industrie des Reality-TV hat ihren Riesenmarkt gefunden. Das Reale scheint in der Welt der virtuellen Information zu einer Besessenheit geworden zu sein. Voyeur-TV wie Taxi Orange oder Big Brother und Shockumentaries sind Quotenhits.

Die Menschen befinden sich auf gefährlichem Boden, denn der Glaube an die Redlichkeit aller Bilder, die ihnen geboten werden, ist im Zeitalter des High-Tech nicht mehr wirklich angebracht. Die Bilder sind das Ergebnis einer Fülle von Rechenoperationen und Manipulationen und nicht mehr der getreue Pinsel der Natur.

Wir sind einem Informationsüberangebot ausgesetzt, über das es kaum mehr eine verläßliche Kontrollmöglichkeit gibt. Da gedeihen nützliche und auch hilfreiche Wissensvermittlung, kalte Manipulation und Lüge in schwer auseinander zu haltender Weise nebeneinander. Für den heutigen Bürger ist die tägliche Wahrnehmung eigens für ihn inszenierter, medialer Kommunikation zur selbstverständlichen, ja beliebten Daueralternative zur Wirklichkeitswahrnehmung geworden. Um sich über das Wetter zu informieren, schaut er nicht mehr zum Fenster hinaus, sondern in den TV-Apparat. Die von den Medien ausgestrahlte Welt ist für einen Großteil der Menschen zu einer Art zweiter Lebenswirklichkeit geworden. Lassen sich aus diesem unbestreitbaren Sachverhalt nicht gefährliche Schlüsse für die Menschheit ziehen? Der Verdacht könnte aufkommen, daß die Mächtigen völlig neue Möglichkeiten in die Hand bekommen, um mit Hilfe der Medien Menschenmassen im Sinne ihrer Pläne und Vorteile zu manipulieren. Pragmatisch handelnde Menschen würden diesen möglichen Zustand ohne weiteres akzeptieren und sogar versuchen, erfolgreich mit ihm zu leben.

Für die High-Tech-Fanatiker ist die Alternative, gänzlich in die mediale Wirklichkeit umzusteigen, fast ein Befreiungsschlag. Sie verlassen gerne die wirkliche Wirklichkeit und tauchen gänzlich aus ihr ab.

Angesichts der großen Informationsflut steigt auch das Maß an Unsicherheit bei der Meinungsbildung. Die Hintermänner der Kommunikation nützen diese Realität aus und liefern häufig gleich fertige Meinungen mit. Die Medien in unseren Breiten sind längst nicht mehr nur Informationsvermittler, sie sind auch Meinungsmacher. Dies fällt ihnen umso leichter, als die Informationsempfänger immer weniger dazu in der Lage sind, sich aus der Fülle der Informationen selbst ihre eigenen Meinungen zu bilden. Daher wird für jene Menschen, die bemüht sind, ihre Existenz durch die Bildung eigener Meinungen zu gestalten, die Selektion zur echten Überlebensfrage.

Je größer die Masse der Informationen wird, die nicht aufgearbeitet werden können, umso stärker wächst das Bewußtsein des Menschen über die Größe und Tiefe seines eigenen Nichtwissens. Es kann sich sogar ein Gefühl der Hilflosigkeit einstellen und der Eindruck, von der Informationsflut erdrückt zu werden.

Wenn die Informationen zur Meinungsbildung nicht ausreichen, sucht man bei der Weisheit Trost. Weisheit, die mit Erfahrung, Gefühl und Emotion, vor allem aber mit verdautem Wissen zu tun hat, ist wieder in Mode. Man denke nur an die Politiker, die in einer schwierigen Situation nicht weiter kommen und dann sogenannte Weise berufen, die ihnen durch ihre kluge Beurteilung der Lage bei der Lösung des Problems helfen sollen.

Die wichtigste Erfahrung jedes Lernenden ist wohl, daß das Lernen zum Weiterlernen zwingt. Der Markt des Wissens ist mit einem derartigen Überangebot ausgestattet, daß er geradezu mit Vehemenz das Lernen des Lernens fordert. Man kann längst nicht mehr so einfach sagen „Wissen ist Macht“, dazu ist Wissen ein viel zu universaler Begriff geworden. In Wirklichkeit geht es um den mentalen Vorsprung vor anderen, also sozusagen um Vorsprungswissen. Ja, das Vorsprungswissen bedeutet tatsächlich wirtschaftliche Macht. Vorsprung deshalb, weil man Wissen in dieser schnellebigen Wirtschaft als leicht verderbliche Ware ansehen muß. Man kann heute keine aktuellen Zahlen drucken, da sie zum Zeitpunkt ihres Erscheinens meistens schon nicht mehr aktuell sind. In der Wirtschaft herrscht also Tempowettbewerb. Die Handlung muß dem Bedarf vorausgehen. Die frühzeitige Information über einen kommenden Bedarf ist also entscheidend. Produktentscheidungen basieren auf vernetztem Vorsprungswissen.

Aktuelles Wissen kann man keineswegs mit Vorsprungswissen gleichsetzen. Denn aktuelles Wissen, über das ohnehin alle verfügen, bringt höchstens notwendige Grundlagen. Wissensgrundlagen allein aber bilden noch lange keine wirtschaftliche Sicherheit. Wirklich wichtig ist es, die Zusammenhänge zu kennen. Es muß sich beim Wissen und bei der modernen Bildung um ein ganzes Netzwerk von verschiedenen Teilbereichen handeln. Das Wissen setzt sich aus einem fließenden, aus flexibel austauschbaren Mosaiksteinen bestehenden Kosmos zusammen.

Die wichtigste Voraussetzung, um mit Informationen richtig umzugehen und um die ausgewählten Informationen in konkretes Wissen umzuwandeln, ist, klar und deutlich zu erfassen, was man gar nicht wissen muß. Man muß sich darüber im klaren sein, daß das Wissen zwei deutlich zu unterscheidende Komponenten hat. Die Grundlage ist jenes Wissen, das man selbst in seinem Hirn bereits gespeichert hat. Die zweite Art von Wissen ist die Kenntnis darüber, wo man Informationen zu bestimmten Themen besorgen kann. Das Zustandekommen der ersten Form des Wissens wird freilich ohne ausreichendes Vorhandensein der zweiten weniger gut funktionieren, denn wir leben in einer Zeit des galoppierenden Wissenswachstums. Entscheidend ist also die Kenntnis darüber, wo das benötigte Wissen zu finden ist. Angesichts des Überangebotes an Wissen auf Papier und im Netz sind Orientierungshilfen von entscheidender Bedeutung. Unser wirkliches Problem ist heute sicher nicht der Mangel an Wissen, sondern die Schwierigkeit, uns innerhalb der Informationsflut noch zurechtzufinden. Wir sind nicht unwissend aber häufig konfus. Es ist skurril, daß wir gerade in unserer Welt der Datenflut und des High-Tech oft zu der Befürchtung neigen, über zu wenig Informationen zu verfügen, obwohl gerade das Gegenteil der Fall ist.

Wer über eine ausgeprägte mentale Flexibilität beim organisatorischen Umgang mit Informationen verfügt, wird erfolgreich Wissen aufbauen und ein erfolgreiches Wachstum seiner Intelligenz erzielen können.

Es wäre ein großer Irrtum zu glauben, daß Fragen nach dem Sinn ausschließlich durch Informationen beantwortet werden können. Wer nach dem Sinn sucht, muß vor allem auch bereit sein zu entlernen. Entlernen klingt für den Lernenden wie theoretisierender Schwachsinn. Es handelt sich natürlich nicht um einen Prozeß der bewußten Anstrengung zu vergessen. Viel eher ist Entlernen der Fluß des Wichtigen, der das unwichtiger Gewordene verdeckt. Gerd Gerken schreibt in seinem Buch „Manager, die Helden des Chaos“: *„Visionen können alles, nur eines nicht: das Entlernen organisieren.“* Das Entlernen ist aber für die evolutionäre Fitneß von größter Bedeutung. Es wird daher in der Wohlfühlgesellschaft notwendig werden, sanfte Wege zu suchen, um das Entlernen besser managen zu können.

Das Entsorgen von unnötig gewordenen Informationen ist auch deshalb nützlich, weil man nicht alles wissen muß, was man vielleicht wissen könnte. Man könnte sonst vom

Suchen nach Wissen so erschöpft werden, daß man das gefundene Wissen nicht mehr nutzen kann.

Die moderne Kommunikationstechnik und insbesondere das Internet sind für den Wohlfühlmenschen nicht nur Instrumente für die Suche nach Information. Sie sind ein Weg, die Lust an der Kommunikation zu steigern. Der Wohlfühlmensch verwendet Internet nicht nur um den Wissensvorsprung zu erlangen und damit im Konkurrenzkampf stärker zu sein; er benützt die Internetkultur, um Kommunikationen zu pflegen. Internet ist keine exklusive Einrichtung für Techniker, sondern ein Netzwerk, bei dem es um zukünftige Kommunikationsgewohnheiten und um den Ausdruck moderner Lebensstile geht. Der Wohlfühlmensch sucht durch die Technologie insgesamt und im Internet im besonderen den sozialen Mehrwert. Diesen schüttet das Internet in großzügiger Weise aus. Im Vordergrund steht die Beteiligung an der Kommunikation, und erst an zweiter Stelle kommt die Information.

Es war immer schon so, daß Kommunikation die Menschen gefesselt hat. Wir leben heute bereits in der unglaublichen Welt der globalen Verknüpfung und des möglichen Kommunikations- und Informationsaustausches ohne Grenzen. Der Wohlfühlmensch ist bereit, die Beteiligung an der Kommunikation zu genießen.

Die Online-Welt beinhaltet freilich eine Fülle von neuen Möglichkeiten im Positiven und im Negativen. Sie bietet Innovation, Selbstverwirklichung, Spaß und Reichtum. Sie beinhaltet aber zwangsläufig auch eine unerhörte Zerstörungskraft. Sie ist Aufmarschgebiet für Neonazigruppen, die dort ihre dumpfen Aufrufe ziemlich ungehindert weltweit verbreiten können. Sie ist die Plattform für Pädophile und Kindesmißbraucher, die über ihre Erfahrungen und Wünsche ungeniert plaudern. Die Schatten wachsen in der neuen Online-Welt ebenso rasch, wie das globale Computernetz selbst. Es entsteht eine Unterwelt aus jugendlichen Vandalen, Kriminellen und vielleicht den ersten Cyberterroristen. Das Internet ist eine Welt mit ganz eigenen Gesetzen, einer eigenen Wirtschaft und mit eigenen Formen von Verbrechen und Sabotage, vielleicht sogar Krieg. Die Zahl der Firmen, Behörden und Menschen, die das World Wide Web nützen und die täglich Milliarden von E-Mails durch das Datennetz jagen, steigt dramatisch an. Firmengeheimnisse werden ausgetauscht. Krankenkassen informieren sich gegenseitig über die Krankheitsgeschichten ihrer Kunden. Es geht um vertrauliche Gesetzesvorlagen, um Geldgeschäfte, ja selbst um Liebesaffären. Je umfangreicher die Datenflut wird, die über das Weltnetz greifbar ist, umso größer werden die Chancen für die neuen Kriminellen, für die Cyberunterwelt, sie anzuzapfen, sie zu mißbrauchen oder aber zu zerstören. Die Computerkriminellen kommen in die Kundendateien von Online-Einkaufszentralen hinein. Sie können sich Kreditkartencodes besorgen und in die Rechner von Behörden und Banken eindringen.

Diese Globalisierung bedeutet auch, daß es keine geschützten Staatsgrenzen mehr gibt, denn im Netz ist eine Verteidigung der Grenzen mit militärischen Mitteln nicht möglich. Es kann also auch eine informationstechnologische Bedrohung wichtiger Infrastrukturen entstehen. Damit sind neue Rahmenbedingungen der Unsicherheit entstanden. In der FBI und im amerikanischen Justizministerium existieren daher bereits spezielle Abteilungen, die sich nur mit Cyberkriminalität beschäftigen.

Wichtig ist aber, daß das Internet schrittweise und fast unbemerkt auch in unseren Alltag hineinwächst. Dem Normalbürger fällt das freilich gar nicht auf. Seine Handys sind aber bereits mit dem Datenstrom im Internet verbunden und damit theoretisch auch „Cyber-Attacken" ausgesetzt. Die totale Datensicherheit ist in der vernetzten Welt wohl nirgends mehr wirklich möglich. Daher bestehen auch so große Probleme bei der Strafverfolgung. Die Angreifer können nämlich überall, zu Hause, in einem Büro oder an der Universität sitzen. Es ist einfach alles ganz anders als in der physischen Welt. Dort mußten Einbrecher noch ein echtes Türschloß aufbrechen und sie mußten immer aufpassen, daß sie dabei nicht erwischt wurden. Ein „Cyber-Krimineller" hat es da viel leichter. Er kann unbemerkt jahrelang agieren, seine virtuellen Türen und Fenster aufmachen und kommt bei seinem Projekt unbemerkt immer weiter.

Provokant könnte man sogar fragen, ob etwa durch mögliche neue Arten der Cyberkriegsführung die Welt der zivilen Bürger eines Tages physisch sicherer werden könnte? Wozu noch in neue Atomwaffen investieren, wenn es reicht, ein paar Hundert hochspezialisierte Informationsgurus anzustellen?

Die Revolution der Arbeitswelt

Die Gründerin des Institute for Womens Research in Washington, Heidi Hartmann, ist überzeugt, daß der Einzug der Frauen in alle Bereiche der Wirtschaft der größte Wandel seit der Industrialisierung sei („Der Spiegel" 34/2000). Über diese Behauptung kann man vielleicht streiten. Zumindest aber wird es eine bedeutende Revolution der gesamten Arbeitswelt sein, wenn einmal die besten Köpfe aus beiden Geschlechtern dem Wirtschafts- und Berufsleben zur Verfügung stehen. Denn wenn man wirklich die besten Köpfe haben will, muß man sie unbedingt aus beiden Geschlechtern rekrutieren.

„Wenn Bildung die Grundwährung des 21. Jahrhunderts darstellt, dann stellen die Frauen im 21. Jahrhundert die Aufsichtsräte der Zentralbank", stellt Matthias Horx sehr treffend in seinem Buch „Die acht Sphären der Zukunft" fest. Er hat auch die These von der Frau als „Haushaltsmanager" im Sinne eines „New Deal" zwischen Männern und Frauen

entworfen und dabei nicht nur Zustimmung geerntet. Einer Trendstudie zufolge sollen aber mehr als 50 Prozent der jungen, gebildeten Frauen zu diesem Modell tendieren.

Fest steht, daß die Entscheidung, daß er zu Hause bleibt, wenn sie der bessere Kopf ist, noch lange keine Selbstverständlichkeit ist. Wenn dieser Fall eintritt, so wird zumindest er von der Gesellschaft noch immer gerne mit Lächeln bedacht.

Die Arbeitswelt unterliegt aber auch in ganz anderen Bereichen einem Wandel. Mit der lebenslangen Arbeitsplatzgarantie ist es für die heranwachsende Jugend vorerst vorbei. Klassische Arbeitnehmerberufe, wie jene der Verkäuferinnen oder Sekretärinnen, werden immer weniger gebraucht. Gerade in diesen Bereichen werden intelligente Maschinen die menschliche Arbeitskraft weitgehend ersetzen.

Die alte Arbeitsgesellschaft mit ihren Konzepten traditioneller Arbeitsmarkt- und Beschäftigungspolitik scheint überholt zu sein. Die Vorstellung, daß jeder Mensch Anspruch auf einen Vollzeitarbeitsplatz habe, hat keine Gültigkeit mehr. Die Gesellschaftspolitik muß sich verstärkt mit den Fragen der Lebensgestaltung außerhalb der Arbeitszeit und der Überwindung der sozialen Kluft zwischen Menschen mit und Menschen ohne Arbeit auseinandersetzen. Der Gefahr einer Desintegration muß mit viel Kreativität entgegen gearbeitet werden. Es darf nicht eine Zweiklassengesellschaft der Extreme entstehen, in der einer kleinen Gruppe leistungswilliger und flexibler Menschen eine riesige Schar von Absteigern chancenlos gegenübersteht. Die Bevölkerung besteht nun einmal nicht nur aus potentiellen Lebensunternehmern und risikofreudigen, jungen, technologiebegabten Personen. Die Frage ist, was mit all jenen, die dem Turbokonkurrenzdruck der New Economy nicht gewachsen sind, geschieht.

Wirtschafts- und Sozialpolitik können heute nicht mehr getrennt werden. Die neue Problemstellung läßt Arbeitsmarktkonflikte nach altem Muster nicht mehr so recht zu. Nur in gemeinsamer Kreativität und im beiderseitigen Willen, Hindernisse zu überwinden, können Lösungen gefunden werden. Es geht um Arbeitszeit, Freizeit, Flexibilität und Sozialprestige. Aus den althergebrachten Familien dringen neue Sozialmodule hervor. An dieser Tatsache führen keine Wunschvorstellungen mehr vorbei. Die Zahl der Alleinerziehenden in Europa und in den USA nimmt ständig zu. In Amerika sind schon ein Drittel aller Single-Eltern männlichen Geschlechts.

Der Trend geht eindeutig in die Richtung der Doppelverdienergesellschaft. Wer gar glaubt, daß der Weg der Frau zurück an den Herd führt oder führen sollte, befindet sich auf dem Holzweg. Auch familienpolitische Regierungsaktionen, die in diese Richtung zielen, sind aussichtslose Vorhaben. Einen zum selbstverständlichen Bewußtsein gewordenen Trend kann man nicht durch finanzielle Bonbons umkehren. Es müssen Modelle her, die es ermöglichen, das Familienleben flexibel zu gestalten und die trotz der zunehmenden Vermischung von Beruflichem und Familiärem die Wohlfühlgesellschaft für alle garantieren. Es liegt an der Politik und an der Gesellschaft, dafür zu sorgen, daß es endlich zu flexibleren Sozialmodellen kommt, die möglichst vielen Menschen ein Leben mit Qualität und Würde sichern.

In der Wohlfühlgesellschaft wird unternehmerisches Denken zu einer immer globaleren Erscheinung werden. Die großen Gegensätze zwischen Arbeitgeber und Arbeitnehmer werden sich verwischen. Viele Menschen werden sozusagen auf beiden Seiten des Tisches sitzen, auf der Arbeitgeber- und der Arbeitnehmerseite. Aus Arbeitern werden Kleinkapitalisten. Man darf nicht übersehen, daß sich das Arbeitsvolumen im 20. Jahrhundert halbiert, während sich der Kapitaleinsatz vervielfacht hat.

Im neu entstandenen sozialen Umfeld ändert sich logischerweise auch die gesellschaftliche Bedeutung der Gewerkschaften. Sie sind schließlich Kinder der Industriegesellschaft. Da sehr viel Arbeit von den Menschen auf die Maschinen übertragen wurde, leben die Arbeitnehmer in völlig neuen gesellschaftspolitischen Verhältnissen. Wenn sich die Stundenlöhne zwar erhöhen, aber gleichzeitig die Arbeitszeit sinkt, kann es beim Reallohn keinen Fortschritt geben. Mit dieser Realität tun sich die Gewerkschaften vorläufig noch schwer.

Gerade in Zeiten des Umbruchs haben die Gewerkschaften äußerst wichtige, aber eben geänderte gesellschaftspolitische Aufgaben. Sie müssen zur Kenntnis nehmen, daß der alte Sozialstaat in der jetzigen Form keine Überlebenschance mehr hat. Die Gewerkschaften werden vor allem dafür zu sorgen haben, daß die Arbeitnehmer bereit sind, unternehmerische Verantwortung mitzutragen. Der Zugang zum Vermögen darf nicht mehr einer bestimmten Klasse vorbehalten sein. Es ist notwendig, die Alterssicherung so zu gestalten, daß für möglichst viele ein großer Teil davon auf Vermögen aufgebaut wird. Jeder einzelne sollte daran interessiert sein, daß die Faktoren Arbeit und Kapital fair bedient werden. Die modernen Gewerkschaften müssen überholte Denkweisen entsorgen und im Sinne der Arbeitnehmer auf eine ausgewogene Interessenswahrung von Arbeit und Kapital hinwirken.

Mit den sich immer deutlicher wandelnden Wirtschaftsformen entstehen neue gesellschaftliche Bedürfnisse. Ein sozialer Aufbruch kündigt sich an, der auch Risiken in sich birgt. Die Lebensqualität der zukünftigen Gesellschaft kann nicht ausschließlich von der Entwicklung der Produktivität abhängen. Durch den steigenden Einsatz von Wissen und Kapital kann es, nur wenn die politischen Kräfte zusammenwirken, eine Wohlfühlgesellschaft für alle geben. Zu berücksichtigen wird aber vor allem der enorme Wandel der Alterspyramide sein.

Mitte des neuen Jahrhunderts wird bereits nahezu die Hälfte der Erwachsenen älter als 60 Jahre sein. Diese Gesellschaft kann nur dann finanzierbar sein, wenn sich auch die Alten durch Arbeit und Kapital an der Produktion beteiligen dürfen. Durch die Arbeit der Jungen allein wird die Lebensqualität aller keinesfalls getragen werden können. Es ist daher von enormer Bedeutung, jetzt den Kapitalsockel zu verbreitern.

Daniel Bell gibt in seinem Buch „The Coming of the Post-Industrial Society" zu bedenken, daß in der postmodernen Gesellschaft die Klasse der Manager zunehmend an die Stelle der Eigentümer tritt. Hohes Bildungsniveau, bessere Ausbildung – das Humankapital – werden ausschlaggebend für die Position und das Sozialprestige in der Gesellschaft. Die Besitzverhältnisse werden zunehmend durch Pensionsfonds und Anlagefonds beeinflußt, und wir nähern uns daher der paradoxen Situation eines kapitalistischen Systems ohne Kapitalisten.

Arbeit macht Spaß

Globalisierung und High-Tech ermöglichen, daß Menschentypen völlig neuen Zuschnitts, deren Qualität im Geistigen und im Arbeitswillen liegt, durch bürokratische und hierarchiepolitische Schranken kaum bremsbare Lebenserfolge erreichen können. Dieser neue Arbeitstyp wird Fortschritte erwirken, die durch harte Arbeit und höchste Konzentration, aber aus seiner Sicht in spielerischer Form zustande kommen. Es ist schwer vorauszusagen, ob diese neuen Menschentypen der Arbeitswelt dazu beitragen, daß die alten, hierarchischen Firmenstrukturen, die unflexiblen Managementformen und konservativen Denkmodelle nachhaltig abgebaut werden. Fest steht, daß für diese, man kann fast sagen neue Spezies Mensch, die Arbeit zum Lebensinhalt, fast zur Droge, wird. Sie sind meistens Arbeitgeber und Arbeitnehmer zugleich und für sie verschmelzen Freizeit und Arbeitszeit zu einem vernetzten Ganzen. Dieser neue Menschentyp ist gleichzeitig Arbeitstier und Wohlfühlmensch.

Er ist hochflexibel, risikofreudig und findet seine Erfüllung im Gestalten von Zukunft. Sein Lebens- und Arbeitsstil wird durch die Informationstechnologie geformt und ermöglicht. Ökonomisches Denken ist der stärkste Motor seines Handelns. Im deutschsprachigen Raum werden im Bereich der Informationstechnik bis zum Jahr 2005 an die drei Millionen Menschen arbeiten. Durch diesen Branchenboom werden viele zusätzliche Arbeitsplätze entstehen. Der neue Arbeitswohlfühlmensch lebt sehr intensiv, aber in äußerlicher Bescheidenheit. Die neue Elite der Internetbranche setzt sich hauptsächlich aus Singles zwischen 20 und 35 Jahren zusammen. Aber sie sind nicht nur in der Internetbranche, sondern auch in anderen Bereichen der New Economy zu Hause.

Wo Berufliches und Privates verschmelzen, behaupten Kritiker, dort verschlingt das Berufliche das Private. Freundschaften finden ja auch fast nur mehr innerhalb der Karrieremodelle statt. Es handelt sich aber nicht um eine Neuauflage der Workaholics, denn die waren viel mehr vom Frust und der Hierarchie Getriebene. Man kann aber doch von einer Art Verbetrieblichung des Lebens sprechen. Das Arbeiten ohne einengende, zeitliche Grenzen wird in der Welt der New Economy als durchaus erstrebenswerte Verhaltensform betrachtet. Selbstverwirklichung in der Arbeit ist ein hohes Ziel. Streicheleinheiten findet dieser Mensch durch die berufliche Anerkennung. Wohlfühlen und Glücksgefühl hängen eng mit der Arbeitsdynamik zusammen. Totale Verfügbarkeit wird nicht als Streß empfunden. Der Lebensstil wird durch Tempo und Flexibilität geprägt. Die Lebensplanung beschränkt sich auf Zyklen und diese dauern höchstens zwei Jahre. Es fällt nicht schwer, sich ständig auf neue Arbeitsformen und Arbeitsorte einzustellen und sich immer wieder mit neuen Aufgaben auseinandersetzen. Das Leben wird nicht langfristig gestaltet. Immer neue Aufgaben werden übernommen, und das Leben läuft mit.

Dieser neue Wirtschaftswohlfühlmensch kommt automatisch mit traditionellen Werten in Konflikt. Sie haben zumindest in den Jahren seiner New Economy-Lebensphase geringere Bedeutung. Qualitäten wie Loyalität, Dauerhaftigkeit, Pünktlichkeit wirken aus seiner Sicht ein wenig erfolgszerstörend. Allein die Bereitschaft, ständig große Risken einzugehen, erfordern die weitgehende Bindungslosigkeit und bedeuten, daß vorgerücktes Alter fast ein Ausschließungsgrund ist. Ein solcher Mensch ist wohl als eine Art Hippie des Marktes zu sehen. Für ihn hat die Arbeit etwas Spielerisches, er vergißt die Zeit und vergißt sogar in gewisser Weise auf sich selbst. Zu unrecht wird er als absoluter Egoist dargestellt. Er ist eine nicht ganz greifbare Abart des Wohlfühlmenschen auf Zeit. Auch wenn ihm jede mentale Einengung unerträglich ist, stört es ihn nicht, in größter Bildschirmdichte eng mit Kollegen zusammenzuhocken. Nur ja keine Routine, aber eine Sucht, die Zukunft mitzugestalten.

Die New Economy-Lebensphase ist nur eine Lehrzeit in seinem Leben. Aus ihr muß er sozialpolitisch gereift aussteigen und Platz für Neue machen. Zeigen diese Pioniere der New Economy in welche Richtung es, vor allem sozialpolitisch, in der Zukunft laufen wird? Steht uns ein fundamentaler Wandel bevor, der in einer Hyperarbeitsgesellschaft endet? Wird es eine totale Chancengesellschaft geben, in der jeder sein Glück machen kann? Oder wird diese Entwicklung bewirken, daß die Unterschiede zwischen „Tüchtigen" und „Untüchtigen" immer größer werden?

Es wird die Aufgabe der sozialpolitischen Eliten sein, mit dem richtigen Augenmaß Politik zu gestalten. Die New Economy braucht die Pioniere. Die Gesellschaft braucht aber auch Mechanismen, die helfen, ein hohes Maß an Lebensqualität für alle abzusichern.

Es ist viel die Rede von New Economy, von Old Economy, von Globalisierung und Liberalisierung. Aktienkurse schnellen in schwindelnde Höhen, um dann ins Bodenlose abzusinken. Viele Menschen schwanken zwischen dem Drang, sich über die Börse ins Wirtschaftsgeschehen zu stürzen und totaler Verunsicherung. Sich widersprechende Zeitungsartikel verstärken die Zweifel. Wo steht die Weltwirtschaft? Vor einem Zeitalter der totalen Fusionitis, wo ausschließlich die sich gegenseitig auffressenden Megakonzerne die Welt regieren? Oder werden die vernetzten kleinen intelligenten Garagenfirmen durch ihre Flexibilität die Oberhand gewinnen? Was ist mit den unendlich vielen kleinen und Kleinst-Firmen aus dem Bereich von Handwerk, Handel und Dienstleistung? Sie machen in Europa immer noch über 90 Prozent aller Betriebe aus. Sie sind das eigentliche Rückgrat der europäischen Volkswirtschaft und die Basis für den Wohlstand. Gilt also noch der Leitspruch, „small is beautiful“? Stehen die Megafusionen in einem ökonomischen und sozialpolitischen Gegensatz zum Bedürfnis vieler Menschen nach der kleinen Einheit, die ihrer Konsumentenphantasie Wohlfühlen vermittelt?

Warum geht der Präsident der europäischen IBM-Zentrale in Paris am Sonntagvormittag persönlich in die kleine „Boulangerie“, um das Frühstücksbaguette zu kaufen? Warum stellt er sich an, mit all den französischen Männern, bis er dran kommt, um sein noch heißes, krachendes Baguette in Empfang zu nehmen, das er dann am Heimweg, wie alle anderen, anknabbert? Weil der kleine unabhängige Bäcker, dessen Baguettes und dessen Croissants einzigartig sind, ein Symbol für die Wohlfühlgesellschaft ist. Das zentralistische Frankreich hat, trotz seiner gigantomanischen Pariser Höhenflüge in der Architektur, viel von dieser kleinbürgerlichen Behaglichkeit erhalten, die jedem Ort seinen besonderen Charme verleiht.

In unserer Gesellschaft der Informationstechnologie und der Megafusionen verdient der kleinste selbständige Unternehmer, der mit seiner Phantasie und seinem persönlichen Einsatz auf dem freien Markt bestehen muß, seinen hohen Stellenwert. Es ist die Fülle der Eigenverantwortungen, die die Qualität des Lebens absichert. Wo nur mehr Heere von abhängigen Angestellten wenigen Bossen gegenüberstehen, kommt die Gesellschaft jener des Kommunismus gefährlich nahe. Also bleiben wir ruhig dabei: „Small is beautiful."

Aber das heißt noch lange nicht, daß „big" „ugly" sein muß. Die Größe wird erst dann häßlich, wenn sie so enorm ist, daß sie den Wettbewerb ausschließt. Die Wirtschaft braucht eine Reihe von Freiheiten und besonders im Zeitalter der Globalisierung einige Regeln. Die Gründungsväter der ehemaligen EWG haben das in den Verträgen von Rom auf den Punkt gebracht. Man hat sich auf vier Freiheiten verständigt, die Freiheit der Bewegung von Menschen und Kapital, der Güterbewegung und der Dienstleistungsbewegung. Eingeengt hat man die Liberalisierung durch drei Wettbewerbsregeln, das Verbot von Kartellen, von Monopolen und von Diskriminierung. Bei weltweiter Anwendung dieser logischen Grundprinzipien hätte man eine Art globalisierter sozialer Markwirtschaft in Grundzügen verwirklicht.

Die Weltwirtschaft ist in ihrem Marktspiel dem Fußballspiel vergleichbar. Die einzelnen Spieler sollen sich frei entfalten können, müssen sich aber an gewisse Regeln, die die Fairneß absichern, halten. Das Akzeptieren von Spielregeln bedeutet keine Regulierung. Im Gegenteil, private Absprachen sind Regulierungen, die zu einer Einschränkung des Wettbewerbs führen. Das Kartellrecht soll die privaten Absprachen, die den fairen Wettbewerb im Markt ausschalten, verhindern. Die Aufgabe des Staates in der Marktwirtschaft ist es, übergroße Machtzusammenballungen zu verhindern. Er selbst darf seine Macht nur dazu benützen, um das Funktionieren des fairen Wettbewerbes zu garantieren. Er sollte, außer in jenen Bereichen, wo das öffentliche Interesse es erfordert, selbst kein Mitspieler im Markt sein und werden.

Die globale, wirtschaftliche und soziale Realität der Erde beweist, daß der uneingeschränkte Wettbewerb alleine zwar ökonomische Erfolge schaffen, aber Gerechtigkeit nicht garantieren und Verteilungsprobleme nicht sozial ausgewogen lösen kann. Zur Lösung dieser Fragen ist die Politik berufen, denn ihre Aufgabe ist es, über den ökonomischen Erfolg hinausgehende, moralische und soziale Werte durchzusetzen. Die Politik bewegt sich in diesem Problembereich auf einem sehr schmalen Grad, denn sie muß jede Art von Vormundschaft verhindern, gleichzeitig aber für Regeln sorgen, die einerseits die Arbeitnehmer schützen und andererseits die Menschen insgesamt vor einer Zweiklassengesellschaft bewahren.

Wie Daniel Bell in seinem Buch „The Coming of Post-Industrial Society" ausführlich beschreibt, ist die knappste Ressource nicht mehr das Kapital, sondern das Wissen. Wir befinden uns, auch aus wirtschaftlicher Sicht, in einer Wissensgesellschaft. Die rasante Vermehrung von Wissen ist für die erfolgreiche Weiterentwicklung von großen Unternehmen, deren Ziel es ist, immer größer zu werden, aber auch der kleinen Unternehmen, deren Ziel es ist, immer besser zu werden, verantwortlich.

Unabhängig von der Größe der Unternehmungen sind in der Wissensgesellschaft riesige Hierarchien nicht mehr sinnvoll. Im Gegenteil, es werden unabhängige Einheiten entstehen, die sich untereinander vernetzen. Auch die großen Konzerne selbst werden sich intern nach diesem Muster organisieren.

Was für die Wirtschaft gilt, gilt natürlich für die Politik genauso. Auch sie muß lernen, nicht mehr ausschließlich Einzelentscheidungen zu verkünden, sondern Prozesse zu steuern. Sowohl in der Politik als auch bei öffentlich rechtlichen Institutionen ist es zu einem, der Eigen-PR dienenden Modewort geworden zu sagen: „Ich mache das zur Chefsache." Abgesehen davon, daß jene, die so etwas von sich geben, selbst nicht davon überzeugt sind, glauben auch die Menschen nicht an Chefs, die sich anmaßen, schwierige Dinge im Alleingang lösen zu können. Es kommt darauf an, daß die Führungsperson Prozesse richtig steuert, aber nicht daß sie schwierige Angelegenheiten zur Chefsache ernennt.

Wie ist das nun mit den Dinosauriern der Wirtschaft? Die Investmentbanken, die an den Fusionierungen am meisten verdienen und sie daher auch aggressiv betreiben, meinen, daß, wenn Märkte zusammenwachsen, folgerichtig auch die Unternehmungen nachziehen müssen. Die technische Entwicklung führe zu Produktivitätsschüben, und nur Großunternehmungen könnten diese in optimaler Weise nutzen. Sie meinen, daß allein die Größe zählte, denn je mehr produziert werde, desto geringer würden die Kosten. Andererseits beweisen viele kleine Unternehmen, daß Größe nicht alles ist. Gerade die Schnelligkeit, Flexibilität und Innovationskraft, die häufig von neugegründeten Firmen ausgehen, belegen ihren Stellenwert.

Die Globalisierung scheint in vielen Bereichen große wirtschaftliche Einheiten zu erzwingen. Es zeigt sich aber immer wieder, daß betriebliche Größe zu zusätzlichen bürokratischen Strukturen führt und daher auch träge machen kann.

Einige Megakonzerne sind heute eindeutig weit mächtiger als nationale Regierungen und doch können sie nur im Zusammenspiel mit ihren kleinen innovativen Herausforderern und Zulieferern erfolgreich sein. Die Innovation geht meist nicht von den Riesen aus, sondern von den jungen kreativen Firmen, die mit Hilfe des Internet fast über Nacht auf dem Markt groß zur Geltung kommen können.

New Economy und Old Economy sind für manche Börsianer zu Glaubensrichtungen geworden. Entweder man investiert sein Geld in traditionsreiche Sparten oder man glaubt an die Aktien aus dem sogenannten Cyberspace. Die einen erwarten sich riesige Profite von den neuen Märkten und die anderen warnen „Hände weg von Internet Aktien".

Daniel Bell hat die verschiedenen Prozesse des Wandels, die die Struktur unserer Wirtschaft durchgemacht hat, besonders anschaulich geschildert. Der Übergang von der Agrar- zur Industriegesellschaft hat die Zahl der Arbeitsplätze in der Landwirtschaft zwar von etwa 50 Prozent bis auf etwa drei Prozent innerhalb von 100 Jahren reduziert. Dieser Strukturwandel hat aber die Landwirtschaft nicht beseitigt. Ebenso hat der Wandel von der Industriegesellschaft zur Dienstleistungsbranche und schließlich zur Informations- und Wissensgesellschaft die traditionelle Industrie zwar stark verändert aber nicht beseitigt. Der tertiäre Dienstleistungssektor hat viele neue Arbeitsplätze geschaffen und die traditionelle Industrie hat viele verloren. Trotzdem steht es außer Frage, daß eine erfolgreiche Dienstleistungsbranche auch in Zukunft ein solides, industrielles Fundament brauchen wird. New und Old Economy existieren nebeneinander, sie schließen einander nicht aus, ja sie müssen einander notwendigerweise durchdringen. Besonders die traditionellen Industrien, die Automobilindustrie zum Beispiel, bedienen sich in immer stärkerem Ausmaß der Online- und E-Commerce-Strategien. Es ist ganz klar, daß die Zahl jener Menschen, die ihre Kundenwünsche direkt über das Netz zum Ausdruck bringen, täglich steigt. Moderne Produzenten werden daher die Online-Kommunikationen und die Kundenwünsche, die sie erhalten, direkt in die verschiedenen Stufen des Produktionsprozesses einfließen lassen. Die Nachfrage der Endverbraucher wird vermehrt direkt und unmittelbar berücksichtigt werden. Die digitale Vernetzung schafft erst den Raum für kundenorientierte Innovationen, und nur so kann eine Firma auf den globalisierten Märkten wettbewerbsfähig bleiben.

Alle Akteure in der Wirtschaft sind heute gezwungen, wenn sie erfolgreich sein wollen, die Chancen der neuen

Techniken zu nutzen. Natürlich werden durch die neuen Prozeß- und Informationstechnologien Arbeitsplätze, vor allem im Bereich der Routinearbeit, in großer Zahl ersetzt. Dafür werden aber neue Beschäftigungsthemen in die Gesellschaft getragen. Insgesamt steigen auch die Anforderungen an die menschliche Arbeit. Es liegt an der Politik, die schmerzlichen Übergangsprozesse erträglich zu gestalten. Eines der großen Probleme ist es, daß die Neuarbeit nicht zur selben Zeit und am selben Ort entsteht, an dem bisherige Arbeitsplätze wegrationalisiert werden. Eine wesentliche Aufgabe für die Politik ist es, diese Bruchstellen überbrücken zu helfen.

Die Frage ob Old Economy oder New Economy stellt sich vielleicht für den Börsenspekulanten, vielleicht für den Fondsmanager aber nicht für den Wirtschaftsstrategen. Die Wirtschaft des 21. Jahrhunderts hat sich ganz wesentlich weiterentwickelt. Sie befindet sich in einer Welt völlig neuer technologischer und kommunikativer Möglichkeiten, steht aber nach wie vor einer Beschäftigung suchenden Weltbevölkerung gegenüber und muß für die Gesamtheit der Konsumenten Waren und Dienstleistungen produzieren.

Wo liegt eigentlich der große Unterschied? Die wichtigste Änderung, die die Technologie mit sich gebracht hat, ist die Digitalisierung des Marktes. Was war der Markt in der Vergangenheit? Er war ein Ort, ein Punkt, an dem sich Straßen gekreuzt haben oder wo Flüsse ineinander gemündet sind. Menschen haben sich dort niedergelassen, um ihre Waren zu kaufen und zu verkaufen. Märkte waren also Plätze. Das ist nicht mehr länger der Fall. Man denke beispielsweise nur an den Rotterdamer Spotmarket für Erdöl. Es handelte sich um jenen Ort, wo Tanker das überflüssige Erdöl hintransportierten, so daß es „on the spot", vor Ort verkauft werden konnte. Sie kamen damals deshalb nach Rotterdam, weil es dort einen riesigen, gut geschützter Hafen gab, der nahe zu den großen Märkten Westeuropas lag. Große Lagermöglichkeiten waren vorhanden, und die Händler hielten sich dort auf, um ihre

Abschlüsse zu tätigen. Dieser Rotterdamer Spotmarket hat seinen Namen beibehalten, obwohl er sich längst nicht mehr in Rotterdam befindet. Aber wenn er nicht in Rotterdam ist, wo ist er dann? Er ist eben überall, er ist nichts anderes als ein Informationssystem, in dem Broker aus allen Teilen der Welt ihre Geschäfte machen und ihre Tanker in die verschiedenen Häfen abkommandieren können. Wie Daniel Bell es auf den Punkt bringt, *„markets are no longer places but networks"*, Märkte sind keine Plätze mehr, sie sind Netzwerke.

Die Wohlfühlbörse

Welche Rolle spielt die Börse in der Wohlfühlgesellschaft? Ermöglicht die Aktie es vielen Menschen, auch persönlich am wirtschaftlichen Fortschritt teilzunehmen? Ist sie ein Hoffnungspapier, das zur Altersvorsorge dient und die einzelnen Bürger zum Mitdenken bewegt? Ist es gesund, wenn die Massen Risiko mittragen, auf Gewinne hoffen und zu einem arbeitsfreien Einkommen gelangen, das eigentlich zeitlich verschobener Mehrwert aus ihrer früheren Arbeit ist? Der Wohlfühlmensch als denkendes, verantwortungssuchendes Individuum bejaht die Börse. Er hat erkannt, daß das Sparbuch nur eine Garage für sein erarbeitetes Geld ist. Die Banken fahren damit spazieren, und der Staat holt sich noch seinen Obolus aus den Zinsen. Was übrig bleibt ist das gepriesene ruhige Schlafen. Der Wohlfühlmensch möchte aber vor allem interessant leben, daher will er an den modernen Märchen der Börse Anteil haben. Zur Wohlfühlkultur der Industriestaaten gehört auch die Börsenkultur. Es kommt zu mehr persönlichem Mitwirken auf allen Gebieten, warum nicht auch im Wirtschaftsgeschehen? Die Menschen werden mündig, interessiert, spielerischer und risikofreudiger. Sie wollen Anteil haben am Produktivvermögen und sie wollen am wirtschaftlichen Erfolg auch direkt mitpartizipieren.

Ist der Wohlfühlmensch also ein *Homo oeconomicus*? Einer, der alle Märkte kennt, bestens informiert ist und in der Lage, stets rationell zu entscheiden? Nein, sicher nicht. Er lebt aber ein volles, pulsierendes Dasein und keinen auf ruhiges Schlafen ausgerichteten Vortod. Daher will er seine Zukunft selbst in die Hand nehmen. Geld ist ihm nicht Selbstzweck, aber er will es der gesunden Wachstumschance aussetzen und nicht verfaulen lassen. Sein Verein ist eher der fröhliche Gesangsverein, als der traurige Sparverein.

Die öffentliche Hand wird künftigen Rentnergenerationen kein gesichertes Einkommen mehr bieten können. Schon aus diesem Grund wird mehr Geld die Börsen suchen, vielleicht weniger direkt in Aktien als in Fonds wandern. Die junge Generation wird ganz anders mit ererbtem Vermögen umgehen und sich genau überlegen, wie sie es wachstumsorientiert einsetzt.

Besonders wichtig für die Zukunft Europas wird es sein, wenn auch hier viele Firmen ihre Mitarbeiter über Aktien an den Unternehmen beteiligen. Das Engagement und der Einsatz eines Mitarbeiters, der auch Teilunternehmer ist, für den Betrieb sind ganz anders als die eines reinen Arbeitsnehmers.

Noch hat sich der Wunsch breiter Bevölkerungsschichten, persönlich am Wirtschaftsprozeß beteiligt zu sein, nicht wirklich durchgesetzt. Vieles deutet aber darauf hin, daß die Schichte der Börsenkunden auch im deutschsprachigen Teil Europas nicht mehr lange auf einen ziemlich kleinen Kreis beschränkt bleiben wird. Ein allgemeines Erwachen ist zu spüren, ein noch nicht ganz in das Bewußtsein eingedrungenes Anteilnehmen an den wirtschaftlichen Zusammenhängen, ein steigendes Interesse am Auf und Ab der Kurse. Der Schrecken, mühsam Erarbeitetes leichtfertig aufs Spiel zu setzen und zu verlieren, sitzt bei alten Menschen tief im Erfahrungsbewußtsein. Jüngere Menschen sehen in den Schwankungen der Kurse häufig eine weitere Möglichkeit, ihren Spieltrieb zu befriedigen. Was der großen Mehrheit der

Bürger allerdings fehlt, ist ein volkswirtschaftliches Grundwissen, das erst eine rational vertretbare emotionale Einstellung zum „Spiel mit dem Geld" möglich macht. Dieses Wissen können nur die Schulen vermitteln, und die sind dazu vorerst nicht in der Lage, weil oft nicht einmal die Lehrer über die ökonomische Grundausbildung verfügen. Eine große Aufgabe für unser Bildungssystem wird es sein, dafür zu sorgen, daß viele Menschen das geistige Rüstzeug bekommen, kleine Mitspieler auf dem wirtschaftlichen Schachbrett zu werden. Solange die Zahl der ökonomischen Analphabeten zu groß ist, wird sich der Zweiklassentrend der globalisierten Gesellschaft verstärken.

Die Wohlfühlmanager

Die Parademanager in der Endphase des 20. Jahrhunderts waren typische Egomenschen. Ihr Arbeitsstil war durch fragwürdige Strategien gekennzeichnet. Sie haben ihr Umfeld und die Firmenkultur an ihren eigenen moralischen und kreativen Kapazitäten orientiert. Man kann das mit den Worten „Durchschnitt fördert Durchschnitt" auf den Punkt bringen. Die Leitlinien ihrer Firmenphilosophie waren:

- Controlling statt Motivation
- Sparen statt Investieren
- Billige Mitarbeiter statt guter Mitarbeiter

Diese Kriterien für vermeintlich gutes Management entsprachen der Erwartungshaltung der Geldgeber und Aufsichtsräte, ja sogar der Gesellschaft. Grau die Farbe, eng der Geist, gnadenlos das Verhalten, Mobbing die höchste Form der Unterhaltung: das waren die Erkennungszeichen von Managern, die dazu eingesetzt wurden, um Firmen auf das Niveau der egomanischen Gesellschaftsstrukturen zurückzustutzen. Diese Manager sind einer großen Zahl von Irrtümern erlegen, die den von ihnen herabgewirtschafteten

Firmen noch lange Zeit zum Nachteil gereichen werden. Die Vorstellung, Betriebe durch Verringerung der Mitarbeiterzahl allein effizienter machen zu können, ist einer der schwerwiegendsten Irrtümer. Manager, die mit diesem vorrangigen Ziel antreten, sind zum totalen Scheitern verurteilt. Durch Entlassungen nach dem Prinzip des geringsten Widerstandes und durch Mobbing wird nicht einmal das vordergründige Ziel der Kostenreduktion erreicht. Der Verzicht auf die Erfahrungen altgedienter Mitarbeiter bedeutet häufig eine Reduktion der Produktivität der Firma. Erfahrung heißt auch Wissen, und Wissen ist Produktivität.

Die egomanischen Firmenmanager mit dem Controller-Image, die Gestapotypen der Marktwirtschaft sind der Tod jeder Betriebskultur und letztlich auch ein schwer auszurottender Krankheitsvirus für die Betriebe, die man durch ihre Bestellung quält. Sie verfallen natürlich in den Fehler, billige Mitarbeiter einzukaufen und sie an die Stelle von loyalen Experten zu setzen. Sie begehen mit geradezu zwingender Notwendigkeit den Unsinn des sogenannten Outsourcings. Um ihre Aufsichtsräte zu befriedigen, lassen sie sich in zerstörenden Personalabbau ein, sind aber dann gezwungen, jene Tätigkeiten, die hausintern nicht mehr erfüllt werden können, an externe Berater oder Firmen zu vergeben. Häufig stoßen sie dabei erneut auf die von ihnen abgebauten früheren Mitarbeiter und sind so gezwungen, sie erst recht mit denselben Aufgaben zu betrauen. Der einzige Unterschied ist, daß diese nun ohne Firmenloyalität, das heißt ohne die Motivation der Zugehörigkeit, tätig sind und für ihre Arbeit viel mehr einkassieren.

Was dieser Managertyp im Inneren der Firma einzusparen versucht, gibt er für Eigen-PR nach außen aus. Buchhaltertypen sind keine Strahlemänner und werden von der Gesellschaft nicht wahrgenommen. Sie müssen sich daher, auf Kosten ihrer Firmen, die gewünschte Aufmerksamkeit teuer erkaufen.

Die sogenannten Technokraten, die „Management by controlling“ betreiben wollen, zerstören die Wettbewerbskraft ihrer Firmen durch falsches Sparen. Sie erkennen nicht, daß die eigentlichen überflüssigen Kosten die Bürokratiekosten sind. Sie neigen dazu, die Bürokratien so zu belassen wie sie sind, und ermöglichen es dann, den Bürokraten auf bürokratischem Weg Kosten zu sparen. Die Bürokratie in ihrer rigiden Eigendynamik eliminiert fast aus natürlichem Selbsterhaltungstrieb die kreativen und evolutionären Kräfte in der Firma.

An die Stelle eines Klimas des evolutionären Wohlfühlens tritt ein Klima des Selbsterhaltungstriebes, der Intrige und der Rette-sich-wer-kann-Kultur.

Wie wird die Wohlfühlfirma des 21. Jahrhunderts aussehen? Die Regie in diesen Betrieben wird ein Management führen, daß sich auf Sozialenergie, Vertrauen und evolutionäres Bewußtsein stützt. Das heißt, daß die sanften Managementfaktoren an die Stelle des harten Managements, das auf hierarchische Bürokratie und Controlling setzt, treten wird. Die kulturellen Werte der Gesellschaft haben selbstverständlich auch in der Firma Geltung und eröffnen neue Energiepotentiale. Dieses Management setzt auf mehr Freiheit bei viel größerer Transparenz und auf mehr Spaß im Sinne von gesteigerter Produktivität. Das Gefühl der Freiheit ist eng mit dem Verantwortungsbewußtsein verknüpft. Spaß ist Teil einer Firmenkultur und ein unglaublich wichtiger Bestandteil des innerbetrieblichen Wohlfühlens. Dadurch steigt auch der Leistungswille und damit letztlich die Produktivität.

Das Wohlfühlmanagement befindet sich im ständigen Kampf gegen die sich einschleichen wollende Bürokratie. Es geht davon aus, daß es eine wesentlich höhere Produktivität gibt, wenn die Bürokratiekosten sinken. Und der Wohlfühlmanager geht von der Überzeugung aus, daß Menschlichkeit produktiver ist als Bürokratie. Die Bürokratie ermöglicht die kalte Ausübung der Macht. Es handelt sich aber um eine Macht, die keine Dynamik im Sinne der Produktivität hat. Im Gegenteil, diese falsche Macht verhindert die wahre Dynamik. Die Wohlfühlfirma anerkennt eine ganz andere Dimension der Macht. Es ist die Macht der fachlichen Kompetenz, des guten Beispieles und des überzeugenden Argumentes.

Wie kann eine Organisation, die der klaren Strukturen einer Bürokratie entkleidet ist, funktionieren? Sie muß die Prinzipien eines lebendigen Organismus nachahmen, um zu einer evolutionären Organisation mit lebendigen Netzwerken zu werden. In der Wohlfühlwirtschaft wird es eine kleine Kulturrevolution geben, denn aus der Bürokratiekultur wird eine Evolutionskultur werden.

Diese Entbürokratisierung kann naturgemäß nicht rein technisch vor sich gehen. Sie ist vor allem auch ein Akt der mentalen Auflösung alter Hierarchien und eine Vermenschlichung von steifen Strukturen.

Die alte auf egomanischen Persönlichkeiten und ihre Ziele unterstützenden Bürokratien aufgebaute Firmenkultur hat in der vernetzen Welt der Informationstechnologie keine Überlebenschancen. In einer Gesellschaft, in der Information und Dienstleistung verschmelzen, wird auch die wirtschaftliche Dynamik eine andere. So sehr der oberflächliche Eindruck entstehen mag, daß heute Busineß mehr denn je Kampf ist, bewirkt die neue universelle Dynamik, daß Busineß eigentlich hauptsächlich Evolution ist.

Kann eine Firmenwelt ohne straffe Kontrollsysteme, ohne laufende Überprüfungsmechanismen überhaupt funktionieren? Ist der Mensch in einem Betriebsklima der interaktiven Freiheit funktions- und leistungsfähig? Die Antwort ist ja, denn die neuen Kontrollinstanzen sind nicht offiziell installierte Mechanismen, sie entstehen durch ein natürliches Ausweiten der persönlichen Denkstrategien aller an der Firmen- und Produktevolution Beteiligten. Die neue Transparenz und die von Eliten vorgelebte Ehrlichkeit legt die Performance der Mitarbeiter weit offen. Je größer der Freiheitsgrad im Unternehmen wird, umso größer wird auch die Wahrscheinlichkeit für eine funktionierende Selbstorganisation und eine daraus resultierende Selbstkontrolle.

Matthias Horx findet in seinem Buch „Die acht Sphären der Zukunft“ zum Unternehmen 2010 die treffenden Worte: *„... von der Produktionsmaschine zum lernenden Organismus“*. Er ist der Meinung, daß über die Produktivität eines Unternehmens in der Wissensökonomie vor allem die psychosoziale Gesundheit der Mitarbeiter entscheidet. *„Das heißt, daß auch die ‚privaten Angelegenheiten‘ in Zukunft nicht nur die Privatsache der Angestellten sein werden. Wer sich in seinem Beruf ‚krank‘ fühlt, weil er die Familie vernachlässigt, weil er nicht genügend Gestaltungsmöglichkeiten hat oder in einem Scheidungskonflikt steht, dessen Produktivität sinkt.“* Koordinieren der verschiedenen Lebensrollen, die ein Mensch im Berufs- und Privatleben zu spielen hat, wird zu einem Serviceauftrag, zumindest an die großen Konzerne. Loyalität ist keine Einbahnstraße mehr. Man erwartet wieder größere Loyalität seitens der Mitarbeiter, und diese können sich dafür partnerschaftliche Gegenleistungen, die außerhalb des Gehaltschemas liegen, erwarten.

Das Leben und die Kultur innerhalb einer Wohlfühlfirma beruhen auf evolutionärem Dialog, auf offenem Vertrauen, auf Transparenz, die auch Wissensvermittlung beinhaltet, und auf produktiver Spaßkultur.

Der Wohlfühlmanager baut sein Wirken auf den sozialen Energien auf. Er benötigt kein überholtes Machtdenken. Das alte Strategiedenken wird weitgehend durch die Suche nach Synergien ersetzt.

Am Ursprung aller zwischenmenschlichen Beziehungen von moralischer Tiefe und Dauer stand das Verhältnis zwischen Mutter, Vater und Kindern. James Q. Wilson charakterisiert in seinen Werk „The Moral Sense" die Familie: *„A familiy is not an association of independent people; it is a human commitment designed to make possible the rearing of moral and healthy children.* " Die Zuneigung der Eltern für ihr, anfangs, wehrloses Kind, und das Bedürfnis des Kindes, durch sein Verhalten das Wohlwollen der Eltern zu erwecken, sind fundamentale Verhaltensweisen in allen Kulturkreisen und der eigentliche Ausgangspunkt und Sinn der Familie. Die moralische Ethik wurde durch diese Beziehung geschmiedet und durch die Vergrößerung der Familie auf andere Menschen ausgedehnt. Die Familie basiert auf der moralischen Bindung, die Mann und Frau eingegangen sind, und findet in dem Gefühl der Verbundenheit der Eltern gegenüber den Kindern und der Kinder gegenüber den Eltern eine zusätzliche Erfüllung. Aus der moralischen Ethik innerhalb der Familie, die als eine natürlich entstandene Gefühlswelt bezeichnet werden kann, lassen sich die auf die Außenwelt übertragenen Verhaltensweisen ableiten. Das im Laufe der Geschichte entstandene natürliche Netzwerk von Verpflichtungen und Bindungen innerhalb der menschlichen Gesellschaft wurde von der ursprünglich auf den engeren Familienkreis beschränkten moralischen Ethik beeinflußt. Diese Ethik beruht auf der Haltbarkeit der von den Partnern eingegangenen Verpflichtungen. Der Mensch bezieht seine Veranlagung für Gefühle wie Fairneß, Schutzbedürfnis und Mitgefühl aus dem familiären Zusammenleben. In der Familie und aus ihr Kraft schöpfend sprengt er die Fesseln seines angeborenen Egoismus. Seine moralische Verpflichtung und sein innerer Trieb zu sorgen, zu teilen, zu schützen, für die anderen zu empfinden und zu leiden entsteht innerhalb der Familie.

Die Familie ist die innere Wohlfühlzelle der Gesellschaft. Wenn der Mensch sich von ihr abwendet und wenn er glaubt, die familiäre Bindung durch unbeschränkte Partnerwahl ersetzen zu können, bringt er das moralische Grundgerüst der Gesellschaft in Gefahr. Genußmaximieren darf nicht mit Wohlfühlen verwechselt werden.

Auch in unserer globalisierten Welt hat die Familie ihren ursprünglichen Charakter nicht geändert. Die unsichtbaren Fäden des Zusammengehörens sind durch physische Entfernung nie lösbar gewesen. Die Wahrscheinlichkeit geographischer Trennungen, die verschiedene Familienmitglieder auseinanderreißen, sind heute viel größer geworden als früher. Dafür ermöglicht das Internet einen ständigen interfamiliären Dialog, sogar über Kontinente hinweg. Die Familienmitglieder sind, gleichgültig ob in physischer Nähe zueinander lebend oder weit verstreut, im Dauerkontakt. Die moderne Kommunikationstechnologie kann durchaus familienfreundlich eingesetzt werden. So war der Informationsstand über das Befinden eines jeden Familienmitglieds einer Großfamilie noch nie so hoch und der Gedankenaustausch nie so regelmäßig, wie gerade heute. Das Netz erweist sich als gutes Mittel, um Trennungen erträglicher zu machen. Die moderne Wohlfühlfamilie ist online.

Familien bringen Menschentypen hervor, die bei weitem nicht alle ihr eigenes zukünftiges Glück darin sehen, selbst wieder eine Familie gründen zu wollen. Aber gleichgültig ob sie sich einen gesellschaftlichen Rahmen bauen wollen, der völlig ohne Bindungen gestaltet ist, oder ob sie eine gleichgeschlechtliche Beziehung suchen, in welche Richtung auch immer ihr Weg führt, alle entstammen einer Beziehung zwischen Mann und Frau. Die Familie in der Wohlfühlgesellschaft hat sich zu einer Gemeinschaft entwickelt, in der vor allem Toleranz und Respekt vor dem Anderssein herrscht. Man kann sich nur dann wohlfühlen, wenn man spürt, daß die Eigenheiten, die einem mitgegeben sind, von den anderen Familienmitgliedern anerkannt werden. Alle Familien dieser Welt bestehen aus einzelnen Individuen mit einem unendlich breiten Spektrum an Charaktereigenschaften, und es ist daher klar, daß viele Familien nicht gerade ein Hort des Glückes und der Harmonie sind. Diese Tatsache kann aber nicht als Gegenbeweis für die Überzeugung herangezogen werden, daß die Familie als kleinste und natürlichste Einheit der Gesellschaft gerade in unserem Jahrhundert der rasanten technischen Weiterentwicklung von noch größerer Bedeutung sein wird.

Früher war die Familie der Hort legaler Sexualität mit dem Ziele der Fortpflanzung. Diese Vision hat in der heutigen Welt der großen Toleranzen und der unbeschränkten Möglichkeiten wohl kaum mehr Geltung. Weder wird in der Gesellschaft das Ausleben der Sexualität auf die Familie beschränkt, noch ist der Sexualakt überhaupt Voraussetzung für die Fortpflanzung. Sexualität und Fortpflanzung rücken sozusagen immer weiter auseinander. Wenn sich fast alles bis zum Klonen von Lebewesen durch die Technik bewerkstelligen läßt, muß der Mensch seine Ruhe und Harmonie umso mehr in jenem Kernbereich seiner Existenz, der eben die Familie ist, wiederfinden.

Die Sexualität war durch alle Jahrhunderte zumindest theoretisch mit dem Fortpflanzungswunsch gekoppelt. Die Entkoppelung ist heute doppelt möglich. Einerseits befreien Verhütungsmittel die Paare vor der Fortpflanzungsangst. Andererseits braucht eine Frau, wenn sie nicht will, keinen Sexualpartner mehr, um sich den Wunsch schwanger zu werden zu erfüllen. Durch diese Entwicklung haben sich die sexuellen Besitzansprüche an einen Partner, wie er vor allem in der Ehe in Anspruch genommen wird, in den vergangenen Jahrzehnten als äußerst brüchig erwiesen und sind weitgehend aus der Mode gekommen.

Gleichzeitig stellt sich die Frage nach der Rollenverteilung in einer „normale Familie“? Durch die Tatsache, daß die Frauen ihre Gleichberechtigung erkämpft haben und daß sie für sich das selbstverständliche Recht, beruflich erfolgreich zu sein, in Anspruch nehmen, ist auch in der Familie ein tiefgreifender sozialer Wandel eingetreten. Frauen haben nun die Möglichkeit, berufliche Karriere zu machen und die Erfüllung des Kinderwunsches auf einen viel späteren Zeitpunkt zu verschieben. Das Anschaffen des ersten Kindes kann leicht bis weit in die Mitte des Lebens einer Frau hinausgedrängt werden. Ein stabiles Familienleben im klassischen Sinne kann also durchaus auch erst beginnen, wenn die Frau bereits Ende der Dreißig ihr erstes Kind bekommt.

Viele alte Strickmuster haben für das sogenannte Funktionieren einer Familie überhaupt keine Bedeutung mehr. Weder gehört die Frau an den Herd, noch ist ein Mann, der sich hauptberuflich um die Kinder kümmert, ein Waschlappen. Auch die Frage ob ein Trauschein in der Lade liegt oder nicht ist für das Funktionieren der Ehe und für das Glück dieser Gemeinschaft völlig bedeutungslos.

Anders verhält es sich mit der Frage der ewigen Bindung und mit jener Verpflichtung, die man Treue nennt. In der heutigen Gesellschaft sieht man immer wieder ältere Herren, die mit einer Zweit-, Dritt- oder Viertfrau plötzlich das Vaterspielen entdeckt haben und die große wunderbare Familienidylle hinausposaunen. Die Medien stürzen sich mit der ihnen eigenen Hochglanzgeilheit auf diese „Opamann–Kindfrau-Beziehungen". Die Gesellschaft sieht über die gebrochene Treue und die verbrannte Erde, die diese Männer häufig hinter sich gelassen haben, mit großer Milde, ja vielleicht mit einer Art Schadenfreude hinweg.

Es darf nicht in den Bereich des Moralisierens geschoben werden, wenn man feststellt, daß das Opfern einer langen gemeinsamen Beziehung zugunsten der vermeintlichen Erfüllung eines erotischen Dauertraumes mit einer viel Jüngeren, ein typisches Merkmal für den Egomenschen ist. Es handelt sich um die Entscheidung zwischen verantwortungsvollem Glück und verantwortungsloser Genußmaximierung.

Die klassische sogenannte Kernfamilie, bestehend aus einem Elternpaar und womöglich zwei Kindern, ist eine Rarität geworden. Die Änderung der sozialen Stellung der Frau, die allgemeine Verlängerung der Lebenserwartung, die zunehmende Freizügigkeit vergangener Jahrzehnte und auch der gewachsene Wohlstand haben dazu geführt, daß es häufig Familien gibt, die aus einem sehr komplexen Gebilde aus Eltern, Stiefeltern, Schwiegereltern, Exschwiegereltern, Exmännern, Stiefkindern usw. bestehen. Aus ehemaligen Ehen sind Kameradschaften entstanden und neue und alte Paare kommunizieren miteinander in einer loyalen bis manchmal freundschaftlichen Weise. Derartige vernetzte, eine manchmal große Zahl von Hauptdarstellern beherbergende Großfamilien werden immer zahlreicher und dürften in der Quantität die traditionellen Lebensgemeinschaften schon überflügelt haben. Die Wiederversöhnung auf einer Basis der Kameradschaft und Toleranz ist für die Scheidungskinder auf jeden Fall die relativ beste Lösung. Scheidungen können in solchen Fällen bewirken, daß aus mehreren Kleinfamilien eine etwas komplizierte Netzwerkfamilie wird.

Am Anfang steht zweifelsohne immer die Sehnsucht nach einer glücklichen Zweisamkeit. Wenn sich dieses Grundbedürfnis des Menschen relativ friedlich in einer vielschichtigen Netzwerkfamilie auflöst, so entspricht diese Konstellation zwar sicher nicht den Kriterien der europäisch christlichen Wertvorstellung, wohl aber den Gepflogenheiten der verflochtenen Großfamilien wie sie zum Beispiel die Eingeborenen am Amazonas in ihren Pfahlbauten vorleben.

Viele Frauen verdienen heute ihr eigenes Geld, da sie einen Beruf erlernt haben. Sie sind daher nicht dazu gezwungen, aus finanziellen Gründen in einer unglückseligen Ehe auszuharren. Die Abhängigkeit vom Mann, der sich einbildet, die Autorität über seine Familie zu besitzen und diese manchmal in schamloser Weise ausnützen kann, hat durch die Emanzipation der Frau ihre Bedeutung verloren. Der Wert der Familie als Kraftzelle der Gesellschaft hat nur solange Gültigkeit, als sie auf dem gemeinsamen Willen zweier unabhängiger, gleichberechtigter Partner beruht. Die Familie hat im Zeitalter der möglichen Trennung von Sexualität und Fortpflanzung, der möglichen Unabhängigkeit der Befruchtung vom Sexualakt den hohen gesellschaftspolitischen Wert, den sie früher hatte, absolut nicht verloren. Sie ist und bleibt der Kernbereich der menschlichen Existenz und Persönlichkeitsentwicklung.

Freizeit, Ferien und Reise

Der Ferienwohlfühlmensch

Unser kleiner Gast aus Paris hatte noch keine lebendige Kuh und auch noch keine Kröte gesehen. Jessica ist sieben Jahre alt und verbringt zu Hause viele Stunden vor dem Fernsehgerät. Beide Eltern sind berufstätig und froh, daß ihre Tochter den Bildschirm hat, der ihnen den Babysitter erspart. Im Sommer fuhr Jessica bisher stets mit ihrem Vater nach Nizza. Dort verbrachte sie die meiste Zeit am Strand und den Rest wieder vor dem Fernseher. Dieses Jahr gab es in ihrem Leben den ersten großen Paradigmenwechsel.

Sie befand sich plötzlich in einer Welt kleiner bemerkenswerter Dinge. Rund um unser Haus fand sie viel Natur. Da waren hölzerne Zäune, Blumenwiesen, Erde, in einiger Entfernung Bauernhöfe, wilde Gewitter mit Blitzen, die fast unter die Haut fuhren, und da war Ludwig. Ludwig ist unsere Hauskröte. Er kommt jeden Abend und sitzt vor der Haustüre. Ludwig mag es, wenn man ihn am Rücken streichelt. Das Streicheln hat auf ihn hypnotische Wirkung. Er entspannt den Rücken und man spürt in den Fingern, daß er sich wohlfühlt.

Als Jessica Ludwig zum ersten Mal sah, stieß sie Laute des Grausens aus. Eine Kröte! Für sie mußte das ein schleimiges, unappetitliches Geschöpf sein, von dem man Warzen bekommt. Sie war nicht dazu zu bewegen ihn zu berühren. Am zweiten Abend begann sie von selbst von Ludwig zu sprechen und ging immer wieder schauen, ob er schon da sei. Plötzlich stürzte sie mit Geschrei herein: *„Ludwig ist da!"* Bald wagte sie es auch, ihn zu berühren. Die restlichen Tage ihres Aufenthaltes bei uns gehörte das Streicheln der Hauskröte zum Ritual ihres Tagesablaufes. Wenn wir von ihr Post bekommen, fehlen die Grüße an Ludwig fast nie. Die Begegnung mit unserer Hauskröte gehörte zum Wohlfühlen unseres kleinen Feriengastes. Ludwig entwickelte in ihr ein Gefühl behaglichen Glückes. Er war ein anspruchsloser, stummer Freund.

Jessica hat ihr Bedürfnis nach dem Bildschirm spontan und für den Rest der Ferien abgelegt. Sie entdeckte eine neue Welt. Der Besuch des benachbarten Bauernhofes war ein tägliches Erlebnis. Das Selbstverständliche unseres fröhlichen Lebens war ihr Gegen-Alltag. Sie wußte zwar, daß die Milch und der Käse von der Kuh stammen. Aber daß dieses Geschöpf Kuh groß und freundlich, angreifbar und mit einer rauhen Zunge ausgestattet war, die Gelsenstiche leckte und angenehm kratzte, hatte sie nicht gewußt. Die Heuschrekken, die man in der hohlen Hand halten und wieder weghüpfen lassen konnte, hatten es ihr angetan. Sie hatte sich weit geöffnet und war in die neue Umgebung mit den vielen kleinen, selbstverständlichen Wundern hineingeschlüpft. In den Sommerferien, im Urlaub von der Großstadt, den Jessica mit großer Begeisterung mit Ludwig und vielen anderen Tieren und Pflanzen, mit Regenbögen und Donnergrollen verbrachte, war kein Platz für Events. Jessica hatte weder Zeit noch Lust fernzusehen, Autofahrten zu unternehmen oder gar sich von den verkrampften, künstlichen Aktivitäten der professionellen Ferienmacher die Zeit stehlen zu lassen. Sie wollte einfach da sein, Wiesen durchstreifen und Schmetterlinge sehen, Blumen pflücken, Schwammerl und Beeren suchen, genießen, Menschen-Kind sein in einer freundlichen, glücklichen Umgebung.

Jessica war unbewußt ein Ferienwohlfühlmensch geworden.

Die Welt hat Dorfcharakter bekommen: Die moderne Kommunikation hat eine bisher ungeahnte Transparenz bewirkt. Dank eines millionenfachen Transportnetzes spielen Entfernungen eine immer untergeordnetere Rolle. Heute können Menschen zwischen Neuseeland und Europa leichter miteinander kommunizieren als noch vor hundert Jahren Menschen, die nur wenige Kilometer voneinander entfernt in verschiedenen Tälern gelebt haben.

Diese gewaltige Lawine neuer Mobilität und allgemein zugänglicher Reisemöglichkeiten hat den Tourismus mit neuen Wertigkeiten versehen. Tourismus ist ein globales Thema geworden. In einer Welt, die ihre Geheimnisse in rasantem Tempo enthüllt, deren Technik bald keinen Wunsch nach Erreichbarkeit mehr unerfüllt läßt und wo die Mobilität immer breitere Schichten der Menschheit erfaßt, wird Kleines größer, Echtes wertvoller und künstlich Aufgeblähtes unbedeutender.

Der Schutz kultureller und natürlicher Werte, die unserem Lebens- und Reiseraum Bedeutung und Nachhaltigkeit verleihen, gewinnt oberste Priorität. Reisende werden immer deutlicher nicht nur oberflächliches Erlebnis, sondern Erfüllung und Glück suchen.

Das Atmen reiner Luft, das Trinken sauberen Wassers, das Betrachten gesunder Pflanzen wird ebenso wichtig wie das Erleben gewachsener Volkskunst, das Bewundern von historischen Monumenten oder das Mitleben in einer dynamischen Kunstszene. Umwelt ist nichts Eindimensionales, sie spielt sich überall dort ab, wo sich Menschen aufhalten. Der Nationalpark hat seine umweltpolitische Bedeutung ebenso wie die Gestaltung des Hotelzimmers.

Der Tourismus ist ein Wirtschaftszweig. In vielerlei Hinsicht muß dieser traditionell klein- und mittelbetrieblich strukturierte Sektor in Zukunft die Spielregeln professioneller Unternehmensführung und konsequenten Marketings, die in anderen Branchen viel weiter entwickelt sind, übernehmen.

Noch mehr müssen wir allerdings die Besonderheiten berücksichtigen: Kein anderer Wirtschaftszweig hat so intensiv mit Menschen zu tun, ist so sehr für die Lebensqualität aller Betroffenen – der Reisenden und der Bereisten – verantwortlich. Neben der wirtschaftlichen Dimension dürfen wir deshalb nie die Bedürfnisse und Wünsche der Menschen vernachlässigen.

Gerade auch aus ökonomischen Gründen: Die Menschen bestimmen schließlich – als wesentlicher „Bestandteil" des Angebotes und als Kunden – den wirtschaftlichen Erfolg.

Tourismus verstehen zu können, setzt vernetztes Denken voraus: So mannigfaltig sind die oft widersprüchlichen Auswirkungen und Wechselbeziehungen dieses Wirtschaftszweiges zu anderen Branchen, zu allen Bereichen unseres Lebens.

Tourismus als Motor der Wirtschaft, der indirekt Arbeitsplätze auch in vielen „nichttouristischen" Unternehmen schafft und gerade auch für wirtschaftlich schwach entwikkelte Regionen eine große Chance bedeutet. Tourismus als Teil unserer Lebensqualität – Reisen und Urlaub bedeutet für viele Menschen das wahre Leben, für die Bereisten aber oft auch eine starke Belastung.

Aber auch als Wirtschaftszweig, dessen Erfolg in so hohem Maße von externen Faktoren abhängt – von beeinflußbaren, wie etwa von gesetzlichen Rahmenbedingungen, aber auch von unbeeinflußbaren, beispielweise von Klima und Wetter.

Das Marketing für Reisen und Urlaub ist ebenso komplex: sowohl von der Vielfalt der Angebotsformen her als auch von den unterschiedlichen Zielen und Interessenslagen der zahlreichen Mitspieler.

„Tourismusindustrie", „Dienstleistungssektor", „Freizeitwirtschaft", „Mega-Events", „Open air-Festivals", „Marketing mit erhöhter Schlagkraft" – Worte aus dem Fachjargon, der sich ausgerechnet mit jener Zeit befaßt, die die schönste im Jahresablauf der Menschen sein sollte: die Ferien oder der Urlaub. Tourismus- und Reiseindustrie gehören zu den Wachstumsbranchen, hört man. Sie werden gleichgesetzt mit Informations- und Biotechnologie. Der heiße Konkurrenzkampf um die Kunden der Feriendestinationen hat zu einer Entmenschung des menschlichsten Kapitels der Existenz geführt. Die Ferienmenschen sind Ziel von Strategien geworden. Die jährlichen Menschen-Massenbewegungen bewegen auch enorme Geldmengen. Daher müssen sie in bestimmte, gewollte Bahnen gelenkt werden. Den Strategen geht es nicht um die Menschenströme. Es geht um die Geldströme.

Schon wird der Erfolg des Tourismus nicht mehr nach der Zahl der Gäste oder der Zahl der Nächte, die sie in gastlichen Häusern zugebracht haben, gemessen. Es zählt einzig der Umsatz, den sie getätigt haben. Der größte Erfolg wäre, wenn viele Touristen im voraus zahlen und dann zu kommen vergessen würden. Die Vermarkter aller Tourismusziele, Orte, Länder, Staaten wünschen sich Qualitätstourismus. Wenn sie von Qualitätstourismus sprechen denken sie aber nicht an die Qualität des Urlaub-Erlebens, die dem Gast widerfährt. Sie denken an die Geldmenge, die er da läßt. Man spricht von guten Gästen. Gute Gäste sind solche, die bereit sind viel zu zahlen. Nicht etwa gute oder nette Menschen. Oh nein! Im Tourismus werden die Menschen nach anderen Kriterien eingeteilt.

Qualitätstourismus ist also jener, der sich aus guten Gästen zusammensetzt, aus solchen, die bereit und in der Lage sind, viel Geld auszugeben.

Das erklärte Ziel der meisten Destinationen ist genau jener Qualitätsgast. Gleichgültig von welcher Seite man diesen Terminus betrachtet, ist er eine unerhörte Anmaßung den Betroffenen gegenüber. Dabei ist Qualitätsgast eine Qualifikation für Menschen, die in zahllosen Veröffentlichungen, in der Fachpresse und in Reden der sogenannten Experten immer wieder vorkommt. Erhält er das Qualitätssiegel durch gutes Anziehen, Benehmen, durch Kulturbewußtsein, durch eine Gediegenheit, die allein seinen Aufenthalt in einem gediegenen Haus rechtfertigt? Eine Zweiklassengesellschaft also nach dem Kastensystem? Nur jene mit einem schwarzen Punkt über der Nase dürfen in ausgewählten Fünf-Sterne Hotels absteigen? Und wer sind die anderen? Die Nicht-Qualitätstouristen? Der Abschaum? Die Unberührbaren?

Es ist aber viel einfacher. Qualitätstourist ist der Zahlungskräftige, gleichgültig ob er sonst kräftig, schick angezogen, ungewaschen oder korrupt ist. Qualität ist Geld.

Bekanntlich ist der Anteil jener Menschen an der Gesamtbevölkerung, die sich sehr teure Urlaube leisten können, beschränkt, ja ein kleiner Prozentsatz. Trotzdem scheint die ganze Welt um diese Minorität zu raufen. Andererseits sind die Ansprüche der geographisch Vollmobilen, mit der Bereitschaft, jeden Preis zu zahlen, inzwischen ins Absurde gestiegen. Jedes Ziel ist erreichbar, jeder Unsinn machbar und selbst Verbotenes, ja Unvorstellbares zu kaufen. Sex mit Kindern, Reisen zwischen die Fronten – Krieg live, das Jagen und Morden geschützter vom Aussterben bedrohter Tiere. Es gibt keine Geschmacklosigkeit, die nicht den Geschmack zahlungskräftiger, potentieller Kunden trifft.

Den Tourismusfachleuten sei ins Stammbuch geschrieben: Qualität gibt 's in der kleinsten Hütte. Die Ferienmenschen suchen nicht unbedingt Luxus. Sie wollen sich wohlfühlen. Im Tourismus entspricht Wohlfühlen Qualität. Der Qualitätsgast ist in Wirklichkeit ein Wohlfühlgast. Und der eine fühlt sich mit „Bed and Breakfast“ in der kleinen Privatpension oder am Bauernhof wohl. Der andere bevorzugt Klasse und Luxus. Aber hier und dort können Erwartungen enttäuscht oder erfüllt werden. Der gebaute Wohnrahmen ist nur ein Teil des Angebotes. Der menschliche Geist, der darin wohnt, die Gastfreundschaft machen den Unterschied. Das Wohlfühlen hängt nicht nur vom Preis- Leistungsverhältnis ab. Es liegt vor allem am Mensch–Mensch-Verhältnis.

Vertriebene und Getriebene

Wer Erfolg im Beruf hat, will das Ego auch im Urlaub auf die Spitze treiben. Wir leben in einer Welt der Vertriebenen und der Getriebenen. Nie noch haben politische und ökonomische Entwicklungen so viele Menschen dazu gezwungen, ihre Heimat zu verlassen. Sie sind unfreiwillige Touristen, mit Sack und Pack auf der Flucht um Asyl werbend und vielerorts auf Ablehnung und Verachtung stoßend. Sie, die Antiqualitätstouristen sind jene Reisenden, um die niemand buhlt, die keiner will, denen man den Mund verpickt, damit sie im Flugzeug, in dem sie gegen ihren Willen abgeschoben werden, keinen Laut von sich geben können. Die eher erstikken sollen, als die Mitfliegenden, unter denen sich vielleicht Qualitätstouristen befinden könnten, durch ihr Elend zu stören.

Sie werden in Magazinen und im Fernsehen gezeigt. Man kann ihre Verzweiflung und ihre Not bestaunen, ihre Reisen, ihr Dahinschleppen auf den elenden Fluchtpfaden. Eine Seite weiter oder 30 Sekunden später folgt womöglich eine Werbung für die fantastische Welt der Getriebenen. Diese werden, im Gegensatz zu den Vertriebenen, von inneren Kräften, vom unbremsbaren Motor des Überego zu immer neuen Zielen, immer größerem Luxus, immer überzogeneren Abenteuern getrieben. Um diese Getriebenen, die als die

Oberkaste der Qualitätstouristen gelten, tobt der Konkurrenzkampf des weltweiten touristischen Marketings.

Die Freizeitgesellschaft mit ihren Ferien- und Reisemenschen hat eine Industrie von gewaltigen Ausmaßen geschaffen. Sie bringt Segen, Wohlstand, aber auch Probleme und Fluch über die Menschheit. Das große Kapital hat längst erkannt, welche enormen Gewinnchancen der verstärkte Drang und Zwang zur Freizeitgestaltung mit sich bringt. Seit groß investiert wird, ist alles möglich geworden. Prachtpaläste als Luxushotels, Traumschiffe, die eine Welt für sich sind, Golfplätze in der Wüste, wo früher kaum Kamele überleben konnten, exquisite Gourmettempel auf den höchsten Gletschern. Der *Homo touristicus* macht sich die Welt auf seine Weise untertan. Noch reicht der Treibstoff, um Menschenscharen kreuz und quer über die Kontinente zu fliegen. Tourismusprojekte von gigantischen Ausmaßen entstehen allerorts. Überall wo Entwicklungsrückstände bestehen, einigt man sich rasch auf Tourismusprojekte. Sie sollen den wirtschaftlichen Aufschwung bringen. Man geht davon aus, daß die Menschen noch Unberührtes suchen. Durch Schaffung von touristischen Infrastrukturen berührt man diese Gegenden nachhaltig und schiebt sie in die Kategorie des Vergleichbaren, des Erschlossenen.

Die Menschen haben eine unendliche Auswahlmöglichkeit an Feriendestinationen. Ferien einkaufen ist zu einem Basargeschäft geworden. Durch das „last minute booking" kauft man billige Urlaubsokkasionen ein. Man fährt irgendwo hin, wo die blauen Prospektklischees und der Preis stimmen. Welches Land, welche Leute, welche Mentalität, Kultur, wen interessiert das? Ferien am Fließband.

Die Marktforscher stellen fest, daß Kurz- und Spontanurlaube immer häufiger werden. Reisende wollen in drei Tagen, einem verlängerten Wochenende möglichst viel, bestens organisiert erleben. Viele Reisen an viele Destinationen in kurzer Zeit, lautet die Devise. Da eine Kulturmetropole wie Paris in knappen zweieinhalb Tagen kaum angekratzt, geschweige denn absorbiert werden kann, beschränken sich die Städte-Kurzreisenden auf das Fotografieren. Neben Restaurantbesuchen und Pflichtbesichtigungen von Museen werden Motive gesucht und abgeknipst. Sightseeing durch die Linse. Reisen fürs Fotoalbum.

John Naisbitt spricht in seinem Buch „High Tech – High Touch" von den beiden größten Märkten der entwickelten Welt: die Verbrauchertechnologie und die Flucht vor ihr. Je mehr High-Tech-Produkte in die Haushalte kommen, je mehr sie das Alltagsleben dominieren, umso stärker wird der Drang ihnen zu entfliehen. Wer denkt schon daran, sich radikal zu ändern und sich einzuschränken? Der beliebteste Weg, dem Alltagstechnoterror vorübergehend zu entfliehen, ist der Kurzurlaub. Durch die Flucht vom Doppelbildschirmstreß des Berufs- und Privatlebens werden aus den Getriebenen schließlich auch Vertriebene. Auch sie befinden sich auf einer Flucht. Sie suchen das Wohlfühlen, das sie zu Hause nicht finden können, in der Hektik des organisierten Wegfahrens.

Keine Landschaft mit Dauerwellen

Die Kunden sind zappelig, unberechenbar und anspruchsvoll geworden: im allgemeinen und besonders im Tourismus. Die Branche hat sich diesem Trend weitgehend angepaßt, und dabei ist hier und dort einiges verloren gegangen. Viel wurde an Identität und Originalität geopfert. Manche sind im Begriff, den Boden unter den Füßen zu verlieren. Man könnte glauben, daß für die Ferienanbieter Beständigkeit und Tradition im Gegensatz zu Modernität und Technik stünden.

Reisen und Ferien machen sind die beliebtesten Freizeitbeschäftigungen der Bewohner des industrialisierten Teiles der Erde. Trotzdem hat das Wort Tourist etwas Abwertendes an sich. Man will zwar Reisen unternehmen, kann aber nicht für drei Tage zum Einheimischen werden. Trotzdem aber will man nicht als „echter" Tourist gelten. Der Tourist mit Kamera und Reiseführer wird belächelt. Von wem? Nicht nur von den Einheimischen, die Geld annehmen, nein, auch von den anderen Touristen (mit Kamera und Reiseführer). Man sucht begierig jene Plätze und Restaurants, die angeblich noch nicht touristisch sein sollen.

Geheimtouristen also. Nicht bekennende Touristen suchen Geheimtips auf, wo sie sich im Zentrum der bisher unentdeckten Originalität fühlen. Wer hat nicht schon ein solches Restaurant besucht, „wo nur die Einheimischen hingehen", um dann festzustellen, daß an fast allen Tischen alle Sprachen, nur nicht die einheimische, gesprochen wurde? Wenn er dann versuchte, beim Ober seine Kenntnisse der lokalen Sprache unter Beweis zu stellen, wurde er von diesem mit konsequenter Arroganz desavouiert, indem er ihm nur und laut in gebrochenem Englisch antwortete.

Das Negativvokabel schlechthin ist die Bezeichnung „Massentourismus". Hinter dieser Ablehnung steckt viel Scheinheiligkeit. In unserer Welt der Menschenmassen, die über Massen an Freizeit verfügen und zum Teil auch über überflüssiges Geld, entstehen natürlich Massenbewegungen von Menschen, kurzfristige Völkerwanderungen, vor allem zu den attraktiven Zielen. Das Problem ist nicht so sehr die Tatsache, daß Menschenmassen auf Reisen gehen und Ferien machen. Die negativen Effekte entstehen dadurch, daß zu viele von ihnen zugleich an die selben Orte reisen wollen. Es kommt zu Staus auf Flugplätzen, im Luftraum, auf Autobahnen, Stränden, vor Museen, auf Skipisten, in den Schlangen vor den Selbstbedienungsrestaurants und sogar auf Berggipfeln.

Der streßgewohnte, oft streßsuchende Alltagsflüchtling tappt blind in eine Staufalle nach der anderen. Er denkt nicht daran, einen Tag später abzureisen oder, wenn er keine Schulkinder mehr im Haus hat, seinen Urlaub außerhalb der Schulferienzeit zu nehmen. Antizyklisches Denken ist ihm fremd und so folgt er gehorsam den gerade in allen Medien publizierten Trends. Ein Land ist „in" und alle müssen hin. Es ist wie beim Schweinezyklus. Durch die große Nachfrage steigen die Preise, durch den riesigen Andrang sinkt die Qualität des Service. Im nächsten Jahr kehren viele Enttäuschte dem Traumziel der letzten Saison den Rücken. Die Destination ist „out". Wer will dort noch hinfahren? Dabei strengen sich dort jetzt alle besonders an. Das Wasser ist viel appetitlicher geworden, weil es von weniger Menschen verschmutzt wird. Alles wirklich zum Wohlfühlen. Im modernen Tourismus sollten schlaue Kunden so vorgehen, wie an der Börse: kaufen wenn die Kurse im Keller sind.

Es ist ja wahrlich ein trauriges Schauspiel, was sich da Jahr für Jahr in den meisten Sommerferienorten unserer Regionen von Mai bis Mitte Juli abspielt. Leere Hotels, Gastgärten, Bäder, ein Flaggenwald von „Zimmer frei"-Wimpeln. Dazu frustrierte Gesichter Tausender Wirte. Mediales Tourismusgejammer, jedoch gleichzeitig ideale Urlaubsverhältnisse. Dann aber Ende Juli plötzlich Touristenmassen, schwitzende Ober, Wirte, die in möglichst kurzer Zeit viel kassieren wollen und daher zu wenig Zeit haben um charmant zu sein. Ein Abschiedsstau Mitte August und das war 's. Dann erst kommen die Genießer und haben die Qual der Wahl. Traumhafte Fernsicht von den Bergen, leere Badestrände, locker bespielbare Tennis- und Golfplätze, freundliches, ungestreßtes Personal und Wirte, die den viel zu wenigen Gästen ihren ganzen Charme schenken.

Auf eine kurze Saison, in der sich kleine Orte zu Touristengroßstädten aufblähen, hinzuwerben, macht weder aus ökonomischer noch aus ökologischer und schon gar nicht aus sozialpolitischer Perspektive Sinn. Wenn das Zusammentreffen zu vieler Menschen zur gleichen Zeit, am selben Ort provoziert wird, ist es gerechtfertigt, von Massentourismus im negativen Sinne zu sprechen.

Konrad Lorenz ist überzeugt davon, daß Zusammengepferchtsein von Menschen auf engstem Raum zur Versandung zwischenmenschlicher Beziehungen und zu aggressivem Verhalten führt. Nächstenliebe und Gastfreundschaft werde durch die *„Massen der Nächsten, der Allzunahen"* so verdünnt, daß sie schließlich nicht einmal mehr in Spuren nachweisbar seien. Wir müssen nur an das Gedränge vor einem Schilift oder an einen sommerlichen Badestrand denken um zu erkennen, wie sehr diese Beobachtung gerade auch auf den Tourismus anzuwenden ist. Es ist schwer vorstellbar, daß die Ferienmenschen, die unter den Vermassungsproblemen von Großstädtern leiden, ausgerechnet die Übelstände der zeitweisen Übervölkerung von Ferienorten für ihre Erholung benötigen.

Die Tourismuspolitik muß daher die räumliche und zeitliche Entzerrung der Reiseströme zum Ziel haben. Weder Politiker noch Manager haben das bisher erfaßt. Sie stecken ihre ganze Energie in das Schaffen immer neuer Events und Attraktionen, die dazu geeignet sind, die Negativeffekte des Massentourismus noch zu verstärken. Menschenmassen und Technik führen auch zu unvorstellbaren Unglücksfällen, deren Zahl und Ausmaße nach dem Prinzip der Wahrscheinlichkeit weiter steigen werden.

Egomenschen wollen für vermeintlich Gleichgesinnte Werbung machen. Da werden Bühnen gebaut, auf denen sie zumindest einmal auch selbst stehen wollen. Ruhige und in ihrer Harmonie attraktive und vielfältig erlebbare Landschaften werden durch Erlebnisparks verunstaltet. An jedem zweiten Landstraßeneck muß das Gästevolk durch schlechte Musik und über die Landluft zerschneidenden Mikrofonstimmen unterhalten werden.

Es herrscht die irrige Meinung, daß die kleinen Erlebnisse, die das Leben bereichern, von den Gästen nicht angenommen würden. Die Sommerfrische braucht keine Mikrofone und keine Open air-Kitschkonzerte. Auch keine Anglizismen, vor allem aus dem Mund von Personen, die diese nicht einmal richtig aussprechen können.

Stark wird eine Destination durch ihre kulturelle und natürliche Wahrheit. Architektonische Lügen, Landschaften mit Lockenwicklern und Dauerwellen und importierte oder angepaßte Volkskultur sind Argumente für das Fernbleiben.

Beim Bauern zu Gast

Was Jessica glücklich gemacht hat, gefällt auch vielen anderen Menschen. Die Statistiken beweisen das sehr anschaulich. Jene Urlaubsform, die am nachhaltigsten die einfachen und gefühlvollen Lebenswerte verdeutlicht, der Urlaub am Bauernhof, ist seit Jahren besonders erfolgreich. Offensichtlich irren die Strategen mit ihrem marktschreierischen Event-Wahn. Die stille, intensive aber hochprofessionelle Arbeit des Verbandes für den Urlaub am Bauernhof, der sich natürlich aller Instrumente der modernen Kommunikation bedient, hat Erfolg. Einige Zahlen am Beispiel Österreichs sollen diese Behauptung verdeutlichen.

Im Gegensatz zum Gesamttrend erfreuen sich die gastlichen Bauernhöfe einer guten Auslastung und können ein stetiges Ansteigen bei den Übernachtungszahlen registrieren. Die volkswirtschaftliche Größenordnung von Urlaub am Bauernhof wird häufig unterschätzt. Immerhin vermieten allein in Österreich rund 22.000 bäuerliche Familien Zimmer und Ferienwohnungen an Gäste. Die 220.000 bäuerlichen Betten stellen etwa ein Sechstel des gesamten österreichischen Bettenangebotes dar. Auf österreichischen Bauernhöfen werden pro Jahr bis zu 20 Millionen Übernachtungen gebucht, wobei die Gesamtausgaben bei rund 20 Milliarden Schilling liegen.

Das Logo „Beim Bauern zu Gast" steht für eine zeitgeistige Urlaubsqualität. Die Wohlfühlkomponente des Urlaubs wird durch die Qualität der Kontakte zwischen Reisenden und Bereisten oder zwischen Gästen und Gastgebern bei den Ferien am Bauernhof besonders gefördert. Gästebefragungen, die zum Thema Urlaub am Bauernhof durchgeführt wurden, brachten durchwegs die Feststellung „ich fühle mich hier wohl" zutage. Die persönliche und individuelle Begegnung mit der Gastgeberfamilie ist für diese Aussage in überdurchschnittlichem Maße ausschlaggebend.

Man kann davon ausgehen, daß auch diese einfache Form von Ferien bei den Gästen ein bedeutendes Maß an kulturellem Wandel bewirkt. Die Begegnungen mit den Menschen des Urlaubsortes oder der Reisedestination sind als Kulturkontakte zu bewerten. Die menschlichen Begegnungen geben dem Reisen oder dem Urlaub zusätzlichen Inhalt. Im Gegensatz zu Aufenthalten in anonymen Großhotels, in Ferienclubs oder auch bei der Durchführung von Gruppenreisen, wo der Direktkontakt zu den Einheimischen durch den Reiseleiter wahrgenommen wird, steht beim Urlaub am Bauernhof der familiäre Anschluß im Vordergrund. Die Begegnung zwischen Gast und Gastgeber ist am Bauernhof auch für die Bauernfamilie nichts Alltägliches. Im hochprofessionellen Tourismusbetrieb werden Dienstleistungen erbracht, die sich von jenen in der Bank oder in anderen Institutionen nicht wesentlich unterscheiden. Für den Reisenden oder den Gast hingegen ist der Urlaub auf jeden Fall etwas „Außer-Alltägliches" und stellt somit etwas Besonderes dar. Am Bauernhof aber treffen, über das rein Geschäftliche hinaus (auch hier wird eine Dienstleistung erbracht und bezahlt), gleichwertige Persönlichkeiten aufeinander. Diese Urlaubsform stellt, aus dieser Betrachtungsweise, einen geradezu logischen Gegensatz zur Beziehung zwischen Gast und Gastgeber, wie man ihn häufig in Dritte Welt-Ländern findet, dar. In Ferienressorts in Entwicklungsländern stellt sich das Verhältnis zwischen Reisenden und Bereisten häufig wie ein Herr–Knecht-Verhältnis dar. Selbst in Europa findet man häufig noch eine hierarchische Beziehung zwischen der für die Gäste arbeitenden Bevölkerung und den urlaubenden Menschen.

Die wichtigste Aussage des bäuerlichen Gastgebers und auch sein stärkstes Verkaufsargument sind die Worte „die Gäste fühlen sich wohl bei uns". Diese Kernaussage beinhaltet auch die Tatsache, daß sich Gastgeber und Gast als gleich starke Kontrahenten gegenübertreten, daß man sich gegenseitig miteinander beschäftigen will, ja daß man sich eventuell sogar gegenseitig das Herz ausschütten möchte. Der Gast bekommt das Gefühl, daß er als Persönlichkeit ernst genommen wird und die Sympathie der Gastgeber erworben hat. Umgekehrt ist es genauso. Die Aussage „die Gäste fühlen sich bei uns wohl" drückt auch Zufriedenheit mit der eigenen Leistung aus und soll dokumentieren, daß es über die bezahlte schnöde Dienstleistung hinaus etwas Zusätzliches, etwas Menschliches, Emotionelles gibt. Natürlich kann diese Durchdringung von wirtschaftlichen und persönlichen Komponenten von seiten der Vermieter auch zu Spannungen führen. Die mögliche Überbelastung, besonders der vermietenden Frauen, wird durch die Wertschätzung, die seitens der Gäste zum Ausdruck gebracht wird, aber meistens kompensiert.

Urlaub am Bauernhof ist eine klassische Form der Feriengestaltung des modernen Wohlfühlmenschen. Bei der Werbung für diese Urlaubsform wird das Wort Gastfreundschaft nicht zufällig als Hauptargument gewählt. Gastfreundschaft beinhaltet die Bezeichnung Gast und ganz bewußt nicht Fremder und das Wort Freundschaft als Hinweis auf die Beziehung zwischen Reisendem und Bereistem. Nicht das Vertragsverhältnis zwischen Mieter und Vermieter, sondern die persönliche Beziehung, die das Wohlfühlen erst so richtig bewirken kann, steht im Vordergrund. Der Urlaubsgast darf daher nie das Gefühl haben, daß er eine Belastung darstellt oder gar nur geduldet wird, um Geld an ihm zu verdienen. Der Wohlfühlgast ist sich aber auch darüber im klaren, daß sein materieller Beitrag dem Überleben einer Form der Landwirtschaft dient, die unseren Vorstellungen des Funktionierens des ländlichen alpinen Raumes entspricht. Daß die idealisierende Vorstellung der Städter vom Landleben durch die Urlaube am Bauernhof möglicherweise eher verstärkt wird, sollte nicht als Nachteil empfunden werden. Die Erhaltung der alpinen Bauernhöfe, die zu Ferien einladen, muß der erklärte politische Wille der nationalen und vor allem europäischen Agrarpolitik sein. Durch Subventionen allein kann dieses Ziel aber nicht ohne entwürdigende Folgen auf die bäuerliche Bevölkerung erreicht werden.

Die Rückwirkungen des Urlaubs am Bauernhof auf die betroffenen Landwirte sind überwiegend positiv. Unter den Interessenten am ökologisch kontrollierten Anbau sind jene Bauern, die Feriengäste beherbergen, besonders groß. Bei den vermietenden Landwirten lassen sich durchaus positive Veränderungen der persönlichen und kulturellen Identität, die sich aus der Begegnung mit ihren Gästen ergeben, feststellen. Neue Denkanstöße, neue Diskussionsmuster und ein breiterer Horizont werden initiiert. Die Anerkennung und Bewunderung von Landschaft und Hof durch die Gäste führen zu neuem Selbstbewußtsein und bewirken auch im emotionellen Bereich das Bedürfnis, Wege zu suchen, um die Scholle zu erhalten.

Die Sehnsucht nach der Natur

In einer Welt, die seit Jahrzehnten äußerst rücksichtslos mit der Natur umgeht, gewinnt das Erlebnis der noch vorhandenen unbeschädigten Natur an Bedeutung. Die Reiseanalysen belegen es ganz deutlich. Urlaub auf dem Lande wird mit dem Gedanken „Zurück zur Natur“ gleichgesetzt. Als

Urlaubsmotiv wird in den Reiseanalysen „Natur erleben" mit Abstand am häufigsten genannt. Die Klischees, die sich in den Köpfen der Touristen, vor allem der Städter angesiedelt haben, entsprechen natürlich auch den Bildern, die sie auf Fremdenverkehrsprospekten sehen. Majestätische Berge im Abendrot, einsame Seeufer, giftgrüne Almen mit friedlichen Kühen. Diesem Klischee, das für die Volkswirtschaft der Alpenländer von Bedeutung ist, steht die Realität der enormen Anziehungskraft des Strandurlaubs gegenüber.

In Graz wurde mehrere Monate hindurch eine sehr interessante Gemäldeausstellung mit dem Titel, „Unter freiem Himmel – die Schule von Barbizon und ihre Wirkung auf die österreichische Landschaftsmalerei" gezeigt. Manche der romantischen Gemälde, die dort ausgestellt wurden, haben unser Bild von schöner Natur und vom Landleben nachhaltig geprägt. Das Auftreten der Maler von Barbizon um 1830 war damals ein revolutionäres Ereignis. Bis zu diesem Zeitpunkt verstanden Landschaftsmaler ihre Aufgabe darin, das als unvollkommen geltende Erscheinungsbild der realen Natur im Sinne ihrer klassisch idealen Vorstellungen zu verändern. Erst die Repräsentanten der Gruppe von Barbizon malten in unmittelbarer Auseinandersetzung mit der Natur im Wald von Fontainebleau, in der Nähe von Paris. Diese Künstler formten einen neuen Typus des Landschaftsbildes, die „Paysage intime". Diese Aufwertung der Landschaftsmalerei bewirkte das Einsetzen eines neuen Verhältnisses zwischen Mensch und Natur, das in der Aufklärung, konkret der Naturkritik Rousseaus, vorbereitet wurde und im subjektiven Naturempfinden der Romantik gipfelte. Die Wirkung, die von Barbizon ausging, hat Niederschlag in der europäischen Landschaftsmalerei gefunden. Viele der Gemälde haben ausgedrückt, wie sehr seit dem Beginn der Industrialisierung die Natur zum Objekt von Sehnsucht wurde.

Das Verhältnis des Menschen zur Natur hat sich stetig geändert und wird sich auch in Zukunft weiter ändern. Vor der Industrialisierung wurden Natur und Landschaft noch in einer für unsere heutige Betrachtungsweise unverständlichen Weise wahrgenommen. Der Wald wurde erst in der Romantik als Ort der Ruhe, des Friedens und der Schönheit entdeckt. Davor galt er als gefährlicher, unheimlicher Ort, in dem Ungeheuer hausen und in den sich nur die Mutigsten hineintrauten. Aber auch das Meer und seine Ufer wurden erst Ende des 18. Jahrhunderts als attraktive Landschaft entdeckt. Vorher war das Meer ein wildes Ungeheuer, vor dem man sich fürchtete. Italienreisenden schauderte im 18. Jahrhundert beim Anblick der Alpen nicht etwa vor Lust und Freude, sondern vor blankem Entsetzen. Auch Voltaire empfand die Alpen, als er sie zum ersten Mal sah, als häßliche Ungetüme. Von ihrer heutigen Rolle als Inbegriff erhabener Schönheit waren die Berge vor nicht allzulanger Zeit noch sehr, sehr weit entfernt.

Man muß sich auch darüber im klaren sein, daß Bauer und Tourist im allgemeinen eine völlig andere Betrachtungsweise der Natur haben. Der Bauer schätzt die Natur auch heute noch viel eher unter dem Aspekt der Nützlichkeit, während der Tourist und der Städter im allgemeinen die Natur viel mehr unter dem Gesichtspunkt der Schönheit oder der Attraktivität sehen. Die eher agrarische Beurteilung der Natur war bis zur Mitte unseres Jahrhunderts für die Mehrheit der Bevölkerung ausschlaggebend. Schöne Ausblicke waren damals von geringerer Bedeutung als die Ergiebigkeit des Bodens. Beim Urlaub am Bauernhof kommt es erstmalig zu einer Verschmelzung dieser Sichtweisen. Der Bauer profitiert hier nicht mehr nur von jeder Fuhre Heu, die er verkauft, sondern auch von seiner schönen Aussicht.

Die modernen Ferienmenschen sehen die Natur aber nur als Freizeit- und Urlaubsraum. Sie erleben als Städter Landschaft und Natur ja auch fast nur in ihrer Freizeit. Sie wollen diese Landschaft betrachten, lieben, bewundern, für ihre Aktivitäten nutzen, vielleicht sogar ihrem Geschmack entsprechend aufputzen.

Globalisierung, Abhängigkeit von Bildschirmen, totale Einbindung in die moderne Kommunikationstechnik, ein Leben in abstrakter Verbundenheit mit den Realitäten und Traumvorstellungen bewirken neue Sehnsüchte. Der Abkoppelung von der Natur im Berufsleben und auch bei vielen Freizeit-Hobbys steht eine neue Nostalgie gegenüber. Es handelt sich um das Sehnen nach einem anderen Ort, an dem man sich aufgehoben fühlt, ein Verlangen auch nach Landschaftserleben, nach Erleben von vermeintlich unberührter Natur.

Die ersehnten und begehrten Landschaften in den meisten Teilen Europas, vor allem im Alpenraum und im Alpenvorland, stellen aber Kulturlandschaften dar. Es sind Landschaftsgebilde, in denen Zivilisationen ihre Zeichen hinterlassen haben. Der streßgeplagte oder auch bildschirmfadisierte Mensch sucht sein Heil in unberührter Natur und will nicht wahrhaben oder wahrnehmen, daß in dieser Landschaft verschiedene Lebensformen früherer Epochen Prägungen und Gestaltungen hinterlassen haben. Unbewußt nimmt der Bereiser, Betrachter oder auch Bewohner dieser Landschaften vergangene Zeiten wahr, die Berg- und Talhänge sowie Dörfer berührt haben. Natur- und Denkmalschutz versuchen heute die Vergangenheit festzuschreiben. Die Sehnsucht vieler Menschen nach einem Beenden der Veränderung oder nach einem Abschwächen der radikalen Umbrüche, die die heutige Technik ermöglicht, ist ein politisches Thema von Bedeutung.

Was suchen die Ferienmenschen am Lande oder in der Natur? Sie suchen einen Ort, an dem sie glauben, wohl aufgehoben zu sein und sie bauen dort Ängste vor der Zukunft ab. Sie entfernen sich vorübergehend von den Unsicherheiten, die unsere Zeit des Umbruchs und der rasenden Entwicklung zu bisher unvorstellbaren Ufern in sich birgt. Mag sein, daß die stillen Formen von Urlaub auf dem Lande fortschrittsfeindlich wirken. Das vorübergehende Aussteigen aus einem Alltag der ständigen Erreichbarkeit und der durch ungebremste Informationsfülle ausgelösten Überhektisierung des Lebens in eine neue Stille und Eventlosigkeit kann den Boden für neue persönliche Zukunftsperspektiven aufbereiten.

Es ist belanglos, wenn sich in der Freizeit Traum und Kitsch treffen und vermischen. Das Bauernhaus ist für viele Städter und Vorstadtbewohner das Traumhaus schlechthin. Aber welche Art von Bauernhaus ist das? Das touristisch aufgeputzte, mit unbrauchbaren und funktionslosen Schnitzbalkonen versehene und mit durch Kunstdünger zu fotogener Farbenpracht getriebenem Blumenschmuck? Die überhöhte Idylle schiebt sich gnadenlos in das neue Bild der schönen Landschaft. Die schlichte Nützlichkeit alter Gehöfte, die sich dem Musikantenstadl-Geschmack nicht gebeugt haben, wird ohne Böswilligkeit übersehen. Das Landschaftsbild, wie es der Freizeitmensch möchte, wird eben auch durch die allmächtigen Massenmedien mitgeprägt. Massentouristen haben einen schlechten Geschmack. Diese subjektive Behauptung kann man durch die Aussage, schlechter Geschmack hat im Tourismus Erfolg, fortschreiben. Es geht hier, wie überall, um Angebot und Nachfrage. Der Wohlstandsmensch sucht Überladenheit. Überladen sein muß der Teller, überfrachtet sein Traumhaus mit Dekorationen und übervölkert sein Bauerngarten mit Gartenzwergen.

Was die Landschaftsmaler am Anfang des letzten Jahrhunderts eingeführt haben, nämlich die Landschaft nicht naturgetreu zu malen, sondern romantisch Erhabenes hinzuzufügen, hat die Werbung für den Gegenalltag übernommen. Naturgetreue Landschaften wären für effiziente Werbung zu banal. Die meisten Touristen suchen in der Landschaft eine erhabene Kulisse, und die muß so sein, wie sie auf den Fotos der Prospekte dargestellt wurde. Auch bei der „Rückkehr in die Natur" wird mit virtuellen Mitteln gespielt. Wohlfühlambiente muß nicht echt sein. Vollgestopfte Pseudobauernstuben, mit Heugabeln und Dreschflegeln verzierte Hotelhallen entsprechen der Behaglichkeitsillusion der neuwohlhabenden Stadtgesellschaft bei ihrer zeitweiligen Flucht aus dem einen in das andere. Aber sie nehmen sich das Pseudoländliche auch in ihre Normalumgebung mit. Bauernhäusliche Dekorationen in Stadtwohnungen erinnern an glückliche Ferienzeiten.

Saubere Umwelt – gesäuberte Umwelt

Die Sprache der Tourismusprofis strotzt vor Umweltplatitüden. Einerseits meinen sie, man dürfe „den Ast, auf dem wir sitzen, nicht absägen“, andererseits soll eine eigene Schiene der Vermarktung für die unberührte Umwelt geschaffen werden. Es ist ein sehr schwieriges Vorhaben, Tourismus und Ökologie unter ein Dach zu bringen. Hier ist Kompromißbereitschaft notwendig. Aber gleichgültig, wie man es betrachtet, die Umwelt zieht den kürzeren. Natur und Landschaft als Umwelt betrachtet müßte eigentlich vor den Touristen geschützt werden.

Unberührte Natur wird in verstärktem Maße Utopie. Von unberührt kann in unseren Breitengraden kaum mehr die Rede sein. Höchstens im Gebirge, weit oberhalb der Baumgrenze, findet sich noch die Urnatur. Und selbst dort stehen im Gletscher Liftanlagen, Selbstbedienungsrestaurants, und in die Felswände werden für Kletterer Drahtseile gespannt. Standseilbahnen befördern im Stundenrhythmus Tausende Wintersportler in die Welt des ewigen Eises.

Wenn die Landschaftsnostalgiker, die vom Urlaub auf dem Lande träumen, Massentouristen sind, so sind jene, die von unberührter Natur träumen, Utopisten. Dieses utopische Naturverständnis ist mitten in der zivilisierten Welt nur mehr schwer unterzubringen. Das Leben mit der Natur und in der Natur anerkennt den Menschen als jenes Wesen, das die Natur auch mitformt und ändert. Das Erhalten unberührter Natur fordert vom Menschen, der Natur ganze Regionen völlig zu überlassen. Da der Drang des Menschen, sich ökonomisch zu verwirklichen und auszudehnen, unbremsbar zu sein scheint, ist es absolut notwendig, durch politische Maßnahmen dafür zu sorgen, daß große zusammenhängende Gebiete der Erde vor menschlichen Eingriffen bewahrt bleiben.

Die Intensität der menschlichen Einflußnahme reicht von der totalen Beherrschung, wie sie in einer Metropole wie New York ihren Höhepunkt findet, bis zur bewußten Enthaltsamkeit in den Naturreservaten und Nationalparks. Allein die Tatsache der vollkommenen Verstädterung großer Gebiete trägt die Forderung nach der Schaffung unberührbare Gebiete in sich. Nur so kann die Erhaltung der Arten und der Urformen gesichert werden.

Jene Ökologiebewegungen, die grundsätzlich und in fundamentalistischer Weise stadtfeindlich sind, haben die Richtung verfehlt. Zwischen dem Stadtkern als Zentrum der Urkultur und dem Nationalpark als Stätte der Urnatur gibt es einen breiten Fächer der Mischformen. Während einerseits die Tendenz besteht, mehr Natur in die Stadt zu bringen, urbane Strukturen wieder durch Bäume, Grünflächen und Bachläufe aufzulockern, sie also zu verländlichen, will der ländliche Raum bei der Architektur, dem Kulturangebot und im zivilisatorischen Ambiente mithalten können. Die Abstufungen in großen Teilen Nordamerikas sind äußerst gering. Hunderte Kilometer eintöniger Zersiedelung durch Einfamilienhäuser mit Gärten werden lediglich durch Autobahnen durchschnitten, durch Shoppingcenters und Kinokomplexe gebrochen und durch Wolkenkratzernester, die am Abend ausgestorben sind, wirtschaftlich beherrscht.

Umwelt wird aber auch hier groß geschrieben. Es ist eine Umweltbewegung der Ästhetisierung. Die Ästhetik dieser Natur wird durch kurzgeschorenen Rasen, durch das Fehlen von Unkräutern, durch geputzte Fensterscheiben im gut nachbarschaftlichen Schönheitswettbewerb zum Ausdruck gebracht.

Die andere Ökologiebewegung befaßt sich mehr mit den Fragen der Zuträglichkeit für das gesunde Leben und den menschlichen Organismus. Die Biowelle ist angerollt. Sie hofft, das ewige Wohlfühlen durch gesunde Ernährung, durch natürliches Anziehen, durch die Verminderung der Schadstoffe zu erreichen. Besonders im Zusammenhang mit Familienurlauben haben diese Überlegungen Leitfunktion.

Die Nationalparkidee und ihre Verwirklichung sind auch ein vorrangiges, tourismuspolitisches Ziel. Professor Bernd Lötsch drückte in einem Vortrag zum Thema „Faszination Wildnis" in ergreifender Weise aus, worum es geht. *„Nationalparklandschaften tragen dazu bei, die ‚seelische Hungersnot' des Industriemenschen zu lindern – sie sind nicht nur ‚Biotope' sondern auch ‚Psychotope'. Zweifellos erholt sich der Mensch an der Natur. Wo aber erholt sich die Natur vom Menschen? Die Nationalparkidee versucht eine Antwort auf beide Herausforderungen. Naturschutz vor dem Menschen für den Menschen."*

Der Wandel der Werte

Die Welt dreht sich immer schneller. Was gestern noch topaktuell war, ist heute bereits out, was wir gestern lernten, ist heute bereits längst überholt. Mit den gravierenden Veränderungen in unserem Umfeld, mit denen wir in den letzten Jahrzehnten konfrontiert waren, änderten sich auch die Einstellungen zu wichtig und unwichtig, zu richtig und falsch.

Eingebettet in dieses System von Werten und Normen ist auch unsere Einstellung zu Arbeit, Freizeit, Urlaub und Reisen. Eine Branche wie der Tourismus, dessen „Produkte" so sehr von Menschen geprägt werden – als Einheimische, als im Tourismus Beschäftigte, als Mit-Urlauber –, ist wie kein anderer Wirtschaftszweig von gesellschaftlichen Veränderungen betroffen.

Wenn wir uns mit dem Wandel der Werte auseinandersetzen müssen, dann nicht nur im Hinblick auf die Kunden. Hier wird kein Produkt verkauft, das am Reißbrett zu konstruieren wäre. Tourismusmarketing bedeutet, auf die Bedürfnisse aller Beteiligten auf Angebots- und Nachfrageseite einzugehen, zwischen den Interessen auszugleichen, Einstellungen zu verändern, den größten Nutzen für alle Betroffenen anzustreben.

Der Tourismus hat sich in vielerlei Hinsicht gewandelt: Es sind völlig neue Geschäftsfelder entstanden, die Reisemotive und Urlaubswünsche sind andere geworden, aber auch die im Tourismus Tätigen haben andere Bedürfnisse als vor 20, 30 Jahren.

Die Grundphilosophie der Tourismuspolitik und des Marketings muß den Megatrends des Wertewandels entsprechen. Der Wertetrend der europäischen Bevölkerung läuft in Richtung nachhaltiger Verbesserung der Lebensqualität, Individualisierung der Lebensführung, Vorrangigkeit des Umweltschutzes und Gesundheitsbewußtsein. Gleichzeitig wird der Wunsch nach fortgesetztem Wachstum und nach ausschließlicher Produktivitätssteigerung relativiert und zurückgedrängt.

Auch im Tourismus kann man nicht die Uhr anhalten, man muß sich mit den Veränderungen in der Gesellschaft auseinandersetzen. Mit der wachsenden Ablehnung von Autoritäten, Hierarchien und Reglementierungen, mit der steigenden Suche nach Orientierung, nach dem Wohlfühlen. Mit dem Bedürfnis nach Erfahrungen, nach Lernen und Weiterbilden, aber auch nach Sinnlichkeit, Mystik und Esoterik. Mit dem Überfluß an Informationen, die kaum mehr bewältigbar sind, und mit den Problemen, miteinander zu kommunizieren. Mit dem Anspruch, ernstgenommen zu werden, mit dem Wunsch nach Offenheit und Glaubwürdigkeit.

Gerade im Tourismus sprechen wir von mündigen, anspruchsvollen Konsumenten, von reiseerfahrenen Gästen, die kritisch und rational analysieren, gleichzeitig aber sehr emotionale Erlebnisse suchen, die widersprüchlich und sprunghaft geworden sind.

Die Rolle der Einheimischen und Tourismusanbieter ist zu wenig klar definiert. Sie schwankt zwischen der romantischen Verklärung, als bedürfnislose Gastgeber aufzutreten und der Forderung nach höchster Professionalität, zwischen dem Image der dienenden, unauffälligen und immer lustigen Statisten und der Funktion des psychologischen Beraters und Betreuers der Gäste.

Woran es aber der gesamten Tourismusbranche noch immer sehr mangelt, ist ein neues Selbstverständnis, das den geänderten gesellschaftlichen Werten, den aktuellen Ansprüchen der Gäste, aber auch der Gastgeber gerecht wird. Die Tourismusbranche braucht eine intensive Diskussion über ihre „Corporate Identity“ und „Corporate Culture“ und über die Motivation der Mitarbeiter. Was sie sicher nicht braucht, ist die ständige Belehrung von oben herab.

Die Sinnlichkeit von Urlaubsangeboten

Aufgrund seiner ausgeprägten Konsum- und Reiseerfahrung präsentiert sich der Tourist des 21. Jahrhunderts als Urlaubsexperte, der sehr kritisch Preise und Leistungsangebote analysiert, vergleicht und bewertet. Die angespannte wirtschaftliche Situation verstärkt dieses Preisbewußtsein noch wesentlich. Zugrunde liegt dieser Entwicklung jedoch eine generelle Polarisierung des Marktes, bei dem alle mittelmäßigen, verwechselbaren Angebote und „Me too“-Produkte verlieren müssen.

Chancen haben in Zukunft entweder Produkte, die mit dem günstigsten Preis überzeugen können, oder Angebote, die sich eine Alleinstellung aufgrund ganz spezieller Leistungsmerkmale schaffen.

Ganz besonderen Wert legt der Konsument dabei auf Umwelt- und Gesundheitsverträglichkeit und individuelle, maßgeschneiderte Angebote: „Á la carte statt Standardisierung", lautet die Devise.

Heute will der Konsument alles über den Nutzwert des Gekauften wissen, objektiv über Eigenschaften und Funktionen informiert werden. Die „immateriellen" Bestandteile, Emotionen, Träume und Sehnsüchte dürfen daher nicht grell und vordergründig präsentiert werden, sondern sollten nur den Rahmen für ausführliche Informationen bilden.

Über den Erfolg von Destinationen entscheidet immer mehr, ob verstanden wurde, was der Gast kauft: nicht die „Hardware", sondern das Wohlfühlen im Urlaub.

Die Angebote müssen als Wunschwelt konzipiert werden. Gelingt es nicht, dem Gast ein attraktives Lebensgefühl anzubieten, seine Sehnsüchte anzusprechen, so wird er eine der vielen Alternativen, die seinen Wünschen besser entsprechen, wählen.

Zu Konkurrenten in diesem Sinne zählen nicht nur andere Urlaubsdestinationen. Muß Reisen sein? Erlebniswelten, schöner als die Wirklichkeit, können direkt nach Hause bestellt werden. Viele Produkte verkörpern bereits mehr Emotionen und Träume als touristische Angebote.

Die vielen bunten Prospekte und Kataloge zeigen es mehr als deutlich. Ob Bekleidung, Möbel oder Kosmetika: Geworben wird mit intensiver Sinnlichkeit, Natürlichkeit, Spiritualität und Glücksgefühl. Alles boomt, was mit Esoterik und Mystik, mit Design und Ästhetik verbunden ist.

Eine weitere Konkurrenz entsteht durch virtuelle Urlaubsangebote. Wenn im Moment zwar noch nicht direkt aus dem Wohnzimmersessel heraus Urlaub als Kunstprodukt

„hautnah" erlebt werden kann, so kommen doch die perfekt kopierten Urlaubswelten immer näher zu unseren Wohnorten und ersparen uns lange Reisewege.

Wohlfühlmenschen und Extremsportler – ein Gegensatz?

„Ich bin nicht süchtig nach Angst, aber es macht Spaß, sie zu spüren, sie legt Gedanken und Gefühle frei", sagt Andy Heliger in der „Presse"-Beilage „Schaufenster" im September 2000.

Er hat vor einigen Jahren seine Freundin bei einem Flugzeugunglück verloren. Sie ist in seinen Armen gestorben. Obwohl er sich damals umbringen wollte, ist er bald wieder aufgestiegen, denn *„sich mit der Luft zu spielen, ist wie ein Tanz. Wenn ich durch die Lüfte schwebe, ist es das Höchste für mich* [...]" Für Andy Heliger und seine Freunde, die das „Acro-Team" bilden, ist es sicher nicht nur Lust am Kick, sondern möglicherweise auch Geschäft, die sie in das Abenteuer treiben. Für Tausende andere aber, deren körperliche Möglichkeiten das Extreme am Extremsport nicht zulassen, ist die Lust am Finden der eigenen Grenzen eine sehr individuelle Art, das Wohlfühlen zu suchen. Hier kann Wohlfühlen mit Schmerz und Angst verbunden sein. Eine Art von Freizeitmasochismus?

Hannes Arch springt, laut demselben Presseartikel, als Basejumper von Gebäuden oder Brücken, um in letzter Sekunde einen Spezialschirm zu öffnen. *„Es ist ein Überwinden des Urinstinkts"*, der ihn in die Tiefe treibt. Sein Instinkt ist seine Lebensversicherung.

Felix Baumgartner war *„bereit zu sterben für diesen Sprung von der Christusstatue in Rio de Janeiro"*. Er hatte fünf Wochen auf den richtigen Zeitpunkt für den Sprung warten müssen und erzählt, daß er, als er auf der Hand des Christus gesessen ist, vor sich hingemurmelt habe: *„Lieber Gott, laß mich bitte jetzt nicht hängen!"* Er meint, daß es bei seinen Extremabenteuern nicht nur um Spaß gehe. Aber wenn man dabei schon stirbt, hat man wenigstens Spaß gehabt. Es geht aber auch um Ziele. Man bewegt sich an der Grenze zwischen Angst und Respekt. Für Ulrich Grill handelt es sich um *„einen Zustand zwischen ausgeliefert sein und Lust an der Angst, der glättet Unebenheiten im Hirn"*. Der Wille, der die Angst überwindet, öffnet Türen zur Kreativität.

Diese Faszination hat auch viele „Durchschnittsmenschen" erfaßt. Sie zahlen für den Nervenkitzel eines Tandem-Fallschirmsprungs. Das subjektive Gefühl der Gefahr beflügelt sie im Bestreben, die Angst zu überwinden. Die Tatsache, daß dieser Fallschirmsprung weit weniger gefährlich ist, als der normale tägliche Autoverkehr am Weg zur Arbeit, ist ihnen nicht bewußt oder wird bewußt verdrängt. Man sucht im Pseudoheldentum des Abenteuerkicks einen Gegenalltag zur Schalheit der täglichen Berufsroutine. Der Fortschritt und die technische Perfektionierung der Ausrüstungen und der Sicherheitsvorkehrungen haben es möglich gemacht, daß durchschnittliche Menschenkinder, die über das notwendige Kleingeld verfügen, ohne große Verletzungs- und Todesgefahr Dinge vollbringen, die früher tatsächlich unerhörte und bestaunte Abenteuer waren. Selbst die Besteigung eines Achttausenders ist für einen willensstarken, halbwegs trainierten Büromenschen mit leicht überhöhtem Cholesterinspiegel möglich geworden.

Die Zahl jener Menschen, die mit ihrem physischen und intellektuellen Ich in das Geschehen der Naturkräfte einfließen wollen, wird immer eine kleine bleiben. Sie ist aber im Steigen begriffen. Auch diese Menschengruppe stellt für die Freizeitwirtschaft einen ernst zu nehmenden Marktfaktor dar. Nicht nur als potente Kundengruppe, sondern vor allem auch als Personen mit Vorbildwirkung und als Trendpiloten. Eine bestimmte Gruppe aus diesem Segment der Freizeitmenschen sucht das Naturerleben pur. Hier steht nicht das Überwinden der Gefahr im Vordergrund, sondern das

Berühren auch gefährlicher Lebewesen, das Nahekommen an die bisher ausschließlich als gefährlich geltenden Welten der sogenannten wilden Tiere. Welch ein Unterschied zwischen einer „Walking Safari“ und einer Safari im Landrover! Der motorisierte Massentourismus durch die afrikanischen Nationalreservate ist ein wichtiger Beitrag der Entwicklungshilfe an besonders arme Länder. Das fadisierte Gähnen aber, mit dem Löwen auf die, aus unmittelbarer Nähe, auf sie gerichteten Fotoapparate reagieren, ist vielsagend.

Wohlfühlen ist eben eine subjektive Angelegenheit. Mit den Delphinen schwimmen ist ein Erlebnis, das die Emotionen hoch gehen läßt. Auch sie vom Boot aus zu beobachten ist ein wunderbares Schauspiel. Und doch gibt es hier einen großen Unterschied, der in der Gefühlsdichte liegt. Das Betrachten der Viktoriafälle läßt keinen Zweifel aufkommen, daß es sich um eines der Weltwunder handelt. Aber erst das Rafting im Schlauchboot durch die Stromschnellen unter den Viktoriafällen läßt zu, daß die Gewalt dieser Wassermassen bis tief unter die Haut hinein verspürt wird. Glückgefühle kommen auf, die zu nachhaltigem Wohlfühlen führen.

Schidom, Weltraumtourismus und noch viel mehr

Für manche ist das Normale zu normal, für andere ist das Normale zu teuer. Manche halten die Natur für banal. Die technischen Möglichkeiten machen für viele fast alles möglich. Die Japaner haben es längst vorgezeigt. In künstlichen Schidomen kann am Stadtrand von Tokio auf echtem Schnee und in künstlicher Kälte das ganze Jahr über, Tag und Nacht, Schi gelaufen werden. Eine Art von Retortenschilauf, die den Naturburschen und den Pulver- und Firnfanatikern die Gänsehaut über den Rücken jagt. Diese Kunstwelt des klinischen Wintervergnügens erobert jetzt auch Europa. In Deutschland werden große Kühlschränke aufgestellt, in denen Tausende Kubikmeter Schnee die Ganzjahrespisten bedecken. Diese Hallen werden mit riesigem Energieaufwand konstant gekühlt. Um ein paar Mark kann man dieser von Jahreszeit und Wetter unabhängigen Spaßindustrie frönen.

Die bescheidene Pistenlänge von vielleicht 600 Meter allein macht es nicht aus. Den Erfolg bringt die Implantation alpiner Atmosphäre. In so einem Snowfun-Park wird am Fuße der Piste ein kompletter Dorfplatz errichtet. Mitten in Deutschland gibt es dann alpine Kitschkonserven. Den Menschen wird im Holzhütten-Almdorf Gemütlichkeit vorgespielt. Die Schihallen-Welle hat die Freizeitindustrie erreicht. Der gigantische Energieverbrauch, den diese Welle mit sich bringt, läßt ökologische Zweifel aufkommen. Die künstlich erzeugte Kälte ist derart groß, daß sie metertief in den Erdboden eindringt. Es sind daher Gegenmaßnahmen notwendig, die einen Permafrosteffekt verhindern. Ansonsten würde der Boden ähnlich wie in Polargebieten metertief durchfrieren. Die Schihallen verfügen daher über Unterbodenheizungen, die die Temperaturen knapp über dem Gefrierpunkt halten.

In dieser künstlichen Welt wird es sogar bald möglich sein, dank revolutionärer Kühl- und Beschneiungskonzepte die verschiedensten Schneequalitäten, je nach Verwendungszweck und Wunsch der Konsumenten, zu produzieren.

Es handelt sich um eine neue Variante von Erlebnispark. Künstliche Hallenwelten verschiedener Ausrichtung wachsen wie die Pilze aus dem Boden und sind ein nicht mehr wegzudenkender Bestandteil der Freizeitgestaltung. In einer Zeit, wo die Originalität immer seltener wird, wird die Suche nach künstlicher Originalität immer massiver. Die Reduzierung von Brauchtum zu bunter Banalität und die Totalverkitschung des Alpinen wird zum Kassenschlager.

Die künstlichen Schihallen können für den Wintertourismus in echten Schigebieten jedoch nur von wirtschaftlichem

Vorteil sein. Denn wer dorthin geht bekommt Lust auf mehr und auf Echtes. Diese Hallen stellen naturgemäß das ideale Terrain für Werbemaßnahmen für echte Schigebiete dar.

Erlebnisparks sind in landschaftlich eher eintönigen Gegenden durchaus legitim. Das Wort legitim ist natürlich im sozioökonomischen Sinne gemeint und nicht im rechtlichen. Wenn die Umweltauflagen erfüllt sind, dürfen aus rechtlicher Sicht selbst in die schönste Landschaft derartige Monstren gebaut werden. In eine hoch ästhetische Naturlandschaft, die als solche eine Fülle von Erlebnissen bietet, einen künstlichen Erlebnispark zu stellen, ist aber geradezu unmoralisch. Wenn Tourismusexperten oder Lokalpolitiker für Regionen, die über kulturelles Erbe und Naturschönheiten in Hülle und Fülle verfügen, die Errichtung von Erlebnisparks fordern, damit sich ihre Gäste besser unterhalten können, dann sind sie eine gefährliche Bedrohung für die einheimische Bevölkerung und die Zukunft ihres Landes. Wenn Edelweißkitsch und Kunstschnee in Megaschihallen, die irgendwo in grauen Ebenen stehen, die Lebenslust der dort lebenden Menschen erhöhen, ist dagegen nichts einzuwenden. Wenn aber ähnliche Ungetüme, in denen künstliche Hallenerlebnisse angeboten werden, nur eine einzige Alpenblume verdrängen, ist die Grenze des Erträglichen bereits überschritten.

Auf einer anderen Ebene, aber eben auch als Ausfluß der technischen Entwicklung, bewegt die Zukunftsvision eines Wochenendes im Raumschiff die Menschen. Es besteht kein Zweifel darüber: Der Mensch wird vom All magisch angezogen. Die amerikanischen Raumfahrtmuseen und das NASA-Zentrum werden jährlich von etwa zehn Millionen Menschen besucht und sie machen über eine Milliarde Dollar Umsatz.

Was heute noch so unwahrscheinlich klingt, wird morgen selbstverständlich, wenn auch Luxus, sein. Ein Magellan oder Christoph Columbus, für die die Weltmeere fantastische Herausforderungen waren, hätten sich nicht vorstellen können, daß einige Jahrhunderte später luxuriöse Cruiser mit Tango tanzenden Senioren durch die selben Gewässer gleiten würden. Genauso wird es in Zukunft einen Tourismus geben, der ins All geht. Natürlich ist es vorerst eine Frage der Kosten. Aber technisch ist für Touristen bei guter Vorbereitung möglich, was heute nur Astronauten können, nämlich in eine Umlaufbahn geschossen zu werden. Daniel Golddin, der Chef der US-Raumfahrtsbehörde NASA, glaubt, daß der Weltraumtourismus ein großes Zukunftspotential hat. Es gibt schon ernstgemeinte Entwürfe für Weltraumhotels, die in einem Respektabstand von etwa 500 Kilometern alle paar Stunden die Erde umrunden werden. Man denkt daran, die internationale Raumfahrtstation, die 2005 fertig gestellt werden soll, später in eine Touristenherberge umzugestalten. Dies könnte 2015 soweit sein. Der Urlaub in einem Space-Neubau oder auch in einer Second Hand-Station wird freilich ein unglaublich teures Abenteuer oder vielleicht Vergnügen sein. Niemand kann heute auch nur annähernd sagen, was so eine Reise kosten wird. Feststeht aber, daß die Anreisekosten der Knackpunkt sind und zur Zeit noch ziemlich unerschwinglich wären. Vorläufig bleibt dieses Vergnügen noch ein Privileg für Wissenschaftler oder vielleicht für ganz wenige megareiche Privatmenschen. Aber der Zeitpunkt wird kommen, wo auch andere Abenteuerlustige und später vielleicht Tango tanzende Senioren das Vergnügen haben werden, die Erde als leuchtende Kugel von weit weg zu betrachten.

Marktstudien belegen die Bereitschaft, einen großen Teil des Jahreseinkommens für eine Reise in das All einzusetzen. Zehn Prozent der Japaner und etwa drei Prozent der Amerikaner wären bereit, bis zu drei Jahresgehälter für ihren Space-Urlaub auszugeben. Auch etwa acht Millionen Deutsche würden das Einkommen aus einem ganzen Arbeitsjahr für einen Ausflug in das All investieren.

Es gibt auch schon konkretere Angebote. Ein amerikanisches Raumfahrtunternehmen nimmt bereits Buchungen für Kurzreisen entgegen. Ein Raketenflugzeug, das angeblich schon 2004 einsatzbereit sein soll, wird die Touristen für ein paar Minuten bis auf eine Höhe von hundert Kilometer hinauf katapultieren und ihnen so das Gefühl der Schwerelosigkeit vermitteln. Die Reise wird auf etwa 98.000 Dollar kommen, und einige Interessenten sollen bereits Anzahlungen in der Höhe von 6.000 Dollar geleistet haben.

Noch ist es unglaublich und spekulativ anmutende Zukunftsmusik. Aber die Sehnsüchte der Menschen gehen schon sehr deutlich in diese Richtung: Urlaube auf einer ausrangierten, alterschwachen Raumstation, die in ein Abenteuerhotel umfunktioniert wurde. Warum nicht, die technischen Voraussetzungen wären vorhanden. Ausflüge in den Mikrokosmos der menschlichen Zellen sind nicht möglich. Ausflüge in den nächstgelegenen Teil des Kosmos werden für zukünftige Generationen vielleicht touristischer Alltag werden.

Die Suche nach dem Außerordentlichen, nach der Freizeitleistung und gleichzeitig nach dem entspannten Durchhängen bewegen die Wohlfühlgemüter. Tourismus und Freizeit werden das Reservoir, in dem Selbstverwirklichung und Entspannungssehnsüchte zusammenlaufen; Widersprüche, die aus der Sicht das Tourismusgeschäftes jene Nischen bilden, in die Angebote hineingebastelt werden müssen.

Gerade in letzter Zeit ist eine „Versportlichung" der Gesellschaft nicht zu übersehen. Die einzige Sprache zum Beispiel, die wirklich weltweit verstanden wird, ist die Sprache des Fußballs. Aber jener einfache Bewegungsvorgang, der ursprünglich nur dem Zwecke der Fortbewegung diente, ist zu einer alle Wohlstandsstaaten umfassenden spirituellen Bewegung geworden: das Laufen. Ob als Powerwalking, Jogging, Waldlauf, Marathon oder Ironman – Laufen ist Kult. „Der Schweiß wird zum Erfolgsaccessoire" – und natürlich auch in vielen Urlauben. Laufen und andere Sportrichtungen sind zu gigantischen Wirtschaftsfaktoren geworden. Sie sind Trendsetter, und einschlägige Sportmarkenartikel werden zur weltweiten Obsession. Was Sporttrend ist und was freizeitbestimmend ist, ist auch urlaubsrelevant. „Der Berg als Sportgerät“ war einmal ein sehr provokanter Ausspruch. Er wurde mit dem Ziele mißverstanden zu werden in den Raum gestellt. Aber er war trendauslösend. Der Berg ist natürlich kein Sportgerät. Aber er lädt zum Sport ein, sommers und winters. Mit und ohne Berg, die Versportlichung der Gesellschaft ist erst am Anfang. Die Sportartikelindustrie wird das ihre dazu beitragen, um den Megatrend zur Trendlawine zu machen. Der Tourismus sollte sich darauf einrichten.

Auf der anderen Seite steht gleichberechtigt die Sehnsucht nach qualitativem Nichtstun. Kulturkonsum ist geistige Aktivität in körperlicher Passivität. Museen, Ausstellungen, Ausgrabungen, Konzerte, Festspiele – das Angebot ist groß und allgegenwärtig geworden. Und es wird angenommen. Wer die Nase vorne haben will muß völlig Neues, Ungewöhnliches aufspüren. Einem Thermalbad in Thüringen ist die kulturelle Entspannungserleuchtung gekommen. In einem Klangtherapie-Tempel schaukeln Menschen wie Treibholz in der Therme, die Ohren unter Wasser. „Liquid Sounds“ bekommen sie serviert, flüssigen Klang. Aus Anlaß des Bachjahres wird mit Speziallautsprechern das d-Moll-Konzert für drei Cembali und Streicher übertragen. Die Idee der Unterwasserkonzerte stammt aus dem Versuch, nachempfinden zu wollen, wie Wale hören. Als Kontrastprogramm scheint das auf die Spitze getriebene Nichtstun in Form des regungslosen Dahintreibens in warmem Wasser bei Berieselung mit wunderbarer Musik eine geniale Idee zu sein.

„Wenn einer eine Reise tut, dann kann er was erleben“, sagt ein altes Sprichwort. Das Ziel der meisten Reisen ist es ja, auch tatsächlich etwas erleben zu wollen. Es soll aber ein positives, angenehmes Erlebnis sein, das dazu geeignet ist, den Inhalt der Reise zu bereichern. Unangenehme Überraschungen und Negativerlebnisse steigern nicht gerade den Reisegenuß. Da das Reisen die beliebteste Freizeitbetätigung der Menschen geworden ist, widmen sie einen großen Teil ihrer Zeit den Reiseplanungen und Reisevorbereitungen. Es geht darum, die richtigen Entscheidungen zu treffen. Nicht nur die Frage, wohin und wann man reisen soll, sondern auch die Reiseroute, die Unterkunft, die kulturellen Betätigungen, die sportlichen Reiseengagements und vieles mehr sind zu planen.

Die Internet-User haben bei der Reiseplanung sicher einen großen Informationsvorsprung. Das Reisen ist längst zu einem der beliebtesten Surfthemen im Internet geworden. Die Grenzenlosigkeit des Internet bedeutet auch, daß die User jede Menge an Informationen über die Destinationen bekommen können. Es stellt sich die Frage, ob in dieser neuen Welt der Informationstechnologie überhaupt noch ein Platz für das Reisebüro ist.

„Da gehe ich zu meinem Reisebüro“, war früher ein Stehsatz von Leuten, die vorhatten, eine Reise zu unternehmen. Die Situation ist heute etwas anders geworden. Es steht wohl außer Frage, daß der On-line-Vertrieb von Reisedienstleistungen in nächster Zeit außerordentlich steigen wird, und daß viele Reisbüros gewisse Umsätze kaum mehr machen werden. Trotzdem ist die Meinung, das Internet werde Reisebüros geradezu überflüssig machen, grundfalsch. Freilich findet ein großer Verdrängungswettbewerb statt. Selbst branchenfremde Anbieter machen den professionellen Reisebüros Konkurrenz. Qualitätsorientierte Menschen, die nicht nur touristische Massenware kaufen wollen, werden aber auf die besonderen Dienstleistungen, die ihnen *nur* ein Reisebüro bieten kann, keineswegs verzichten. Das Internet liefert zwar präzise Informationen, aber es kann keine neutralen, kritischen Beratungen bieten. Das traditionelle Reisebüro ist jener Ort, wo man auf persönliche Erfahrungen von Fachleuten zurückgreifen kann und wo man auch objektive und warnende Beurteilungen erhält. Im Reisebüro wird nicht nur aus beschönten Hochglanzfarbkatalogen verkauft, sondern auch auf Fakten hingewiesen, die sich hinter den Werbeaussagen verstecken. Als anspruchsvoller Kunde erwartet man von seinem Reisebüro Neutralität und Insider-Wissen, das auf persönlicher Erfahrung und Professionalität beruht.

Natürlich bieten auch touristische Diskussionsforen im Internet gute Möglichkeiten, sich gegenseitig über konkrete Erfahrungen zu informieren. Reisebürospezialisten aber haben die Möglichkeit und Verpflichtung, sich intensiv über Reisethemen und Länder zu informieren und sich in allen Fragen, die konkrete Destinationen betreffen, zu profilieren. Reisebürofachleute sind daher die objektiven Schiedsrichter, die dem Kunden die Möglichkeit bieten, vernünftige Entscheidungen und die richtige Auswahl unter den vielen Angeboten, die sich selbst anpreisen, zu treffen. Damit können sie, vor allem den Individualreisenden, viel Zeit und Ärger ersparen. Reiseerwartungen sind etwas sehr Persönliches und Subjektives. Reise- und Urlaubsentscheidungen werden daher häufig nach emotionalen Gesichtspunkten getroffen. Der Reisebürofachmann hat die Kompetenz, die Entscheidungen auch psychologisch positiv beeinflussen zu können.

Die zukünftige Rolle des kleinen und mittelständischen Reisebüros wird darin bestehen, eine Art Clearing-House der vielen zueinander im Wettbewerb stehenden Interessen zu sein. Das Überangebot an Information wird dort sortiert und für den Kunden verständlich aufbereitet. Das Internet ist für die Reisebüros keine Bedrohung, sondern eine Chance. Kein kleines oder mittleres Reisebüro darf es versäumen, selbst auf den Internet-Zug aufzuspringen. Unter voller Ausnützung aller Möglichkeiten, die das Netz bietet, muß sich das Reisebüro vom Verkäufer zum persönlichen Konsulenten hin entwickeln. Im Reisebüro erhält der Kunde all jene Dienstleistungen, die ihm das Internet nicht bieten kann. *„Schon im Vorfeld jeder Reise und vor allem des für das Wohlbefinden der Menschen so wichtigen Urlaubes ist die persönliche Zuwendung, die einem im mittelständischen Reisebüro widerfährt, unersetzlich"*, ist das Credo von Joseph Reitinger-Laska, dem Gründer des Österreichischen Vereins für Tourismus.

Diese Vereinigung von über 300 mittelständischen Reisebüros bemüht sich seit Jahren, dem Ratsuchenden das Gefühl zu geben, gut aufgehoben zu sein. Zumeist ist der Inhaber selbst der Ansprechpartner, der den Reisenden gerne zum sich rundum wohlfühlenden Stammkunden machen möchte.

Internet, Call-Center, Hotline – alle diese modernen Techniken setzt der Österreichische Verein für Tourismus natürlich auch ein. Aber erst vor dem Hintergrund des qualifizierten Fachreisebüros wird der Kunde durch das ergänzende Beratungsgespräch wirklich zufriedengestellt.

Auswirkung des Klimawandels auf den Tourismus

Die Erde wird wärmer. Eine Fülle meßbarer Anzeichen belegen diese Behauptung. Die Gletscher schmelzen und sind schon seit 150 Jahren auf dem Rückzug. Der Frühling beginnt in vielen Regionen der Welt wesentlich früher. Pflanzen erblühen früher, und viele Tiere kehren, im Vergleich zu vergangenen Zeiten, vorzeitig aus ihren Winterquartieren zurück. Es gibt immer häufiger Hitzewellen, vor allem in den südlich gelegenen Gegenden. Die Klimaerwärmung führt in den Wintermonaten zu einer Erhöhung der Niederschlagsmengen. Gleichzeitig gibt es mehr und mehr Stürme und Dürreperioden. Diese wieder führen zu massiven Busch- und Waldbränden. Der Treibhauseffekt bewirkt, daß der Meeresspiegel steigt. Wenn der derzeitige Trend anhält, wird der Ozeanspiegel in diesem Jahrhundert um weitere 90 Zentimeter steigen. In insgesamt 32 Ländern der Erde registrieren Forscher ein durch das Ansteigen der Wassertemperatur bewirktes Absterben der Korallenriffe. Es ist deutlich feststellbar, daß aufgrund der globalen Erwärmung Pflanzen und Tiere in größere Höhen und in nördlichere Breitengrade vordringen. Manche Arten aber, die mit dem Erwärmungstempo nicht Schritt halten können, sind vom Aussterben bedroht.

Diese nicht mehr wegzuleugnende Erwärmung wird mittel- und langfristig auf den Welttourismus Auswirkungen haben. Tourismus und Freizeitwirtschaft, als besonders wichtige Domänen der weltweiten Beschäftigung, werden gut daran tun, sich mit diesem Phänomen rechtzeitig auseinanderzusetzen. Man muß mögliche Veränderungsszenarien entwerfen, um bei Eintritt neuer Rahmenbedingungen nicht unvorbereitet in ein Chaos zu gleiten.

Im alpinen Bereich ist zu erwarten, daß die Schneefallgrenze sukzessive weiter nach oben rückt. Auf den schneeorientierten Wintertourismus wird diese Entwicklung nicht ohne Auswirkungen bleiben. Da die Frostgrenze steigt, wird auch die künstliche Schneeerzeugung etwa unter der Baumgrenze in absehbarer Zeit auf Schwierigkeiten stoßen. Es scheint daher fragwürdig, ob es sinnvoll ist, wenn heute noch massive Investitionen in Schiinfrastrukturen in zu geringer Höhenlage geplant werden. Auch der Klimaforscher Hans-Joachim Schellnhuber meint in einem „Standard"-Interview im Jänner 2001: *„Ab Mitte dieses Jahrhunderts wird es mit dem Schitourismus schwierig werden."* Er betont, daß die laufende Klimaveränderung noch lange nicht zu Ende sei. *„Wenn wir* *nicht die umweltpolitische Notbremse ziehen, wird sich das sogar noch verstärken.*" Da die Lust zum Schifahren ungebrochen ist, werden die hochgelegenen Schigebiete eine steigende Nachfrage erleben.

Klimaforscher versuchen, im grönländischen Inlandeis die Klimaphasen, durch die die Erde gegangen ist, zu rekonstruieren. Das Eis, meinen sie, ist wie ein Gedächtnis der Welt. In ihm verbirgt sich die Klimageschichte des Planeten. Die Ergebnisse lassen erkennen, daß das Weltklima im Laufe der Jahrzehntausende eher einem launischen Aprilwetter gleicht. Fest steht auch, daß es auf dem Planeten während der letzten 400.000 Jahre schon wesentlich wärmer gewesen sein muß als heute. Allerdings war die Kohlendioxydkonzentration in dieser gesamten Periode noch nie, auch nur annähernd, so hoch wie heute.

Wenn man aber die Klimaentwicklung im Hinblick auf die überschaubare Periode einiger Generationen von Menschenleben betrachtet, dann steht eindeutig fest, daß wir tatsächlich in einer Periode der Erwärmung leben. Daß der sogenannte Treibhauseffekt dafür verantwortlich sein dürfte, wird von fast allen Experten angenommen. Wissenschaftler meinen, daß, wenn wir so weiter machen und die Ölvorräte schwungvoll verbrauchen, das Klima spätestens im 22. Jahrhundert durch die Treibhausgase nachhaltig verändert sein könnte. Die verantwortungslose Haltung der USA ist angesichts dieser Entwicklung unverständlich.

Entscheidungsträger und Forschung haben heute die wichtige Aufgabe, sich mit der möglichen Auswirkung von Klimaänderungen auf die verschiedenen Lebensbereiche der Menschheit zu befassen. Bei diesem Vorhaben, den sogenannten Erdsystemanalysen, wird die Erde wie ein Organismus betrachtet, in dem alles mit jedem zusammenhängt. Natürlich sind alle Vorhersagen durch große Unschärfe geprägt. In den meisten Modellen können nur Tendenzaussagen zustandekommen. Diese Denkführer ermöglichen es Politikern und Wirtschaftsbossen, die vielen verschiedenen Zukunftsszenarien durchzuspielen. Es handelt sich um nichts anderes als um Entscheidungshilfen für das Planetenmanagement.

Um auf den Tourismus zurückzukommen – die Europäer können sich über milde Winter und längere Sommer freuen. Der Frühling beginnt bereits bis zu sechs Tage früher als vor etwa 30 Jahren. Auch der Weinanbau wird in Gegenden möglich werden, wo bisher davon keine Rede war.

Die extrem heißen Sommer in südlichen Teilen Europas und in Nordafrika werden Sommerurlaube in diesen Regionen immer unattraktiver machen. Das bedeutet für die nördlicheren Gebiete eine große Zukunftschance. Es werden mittelfristig große Verschiebungen der Reiseströme möglich, ja wahrscheinlich. Die Flucht vor der Hitze könnte auch bewirken, daß mehr und mehr Bewohner südlicher Länder die sommerliche Erholung im kühleren Norden suchen. Dies würde eine Umkehr der bisherigen schwerpunktmäßigen Ausrichtung der Reiseströme bedeuten.

Die zukünftige Massenreisetätigkeit könnte sich so darstellen, daß, vereinfacht ausgedrückt, der Norden im Winter in den Süden und der Süden im Sommer in den Norden reist.

Die unterschätzten grauen Panther

In Malta und Zypern hat man auf die demographische Realität des Tourismusmarktes längst reagiert. Man setzt auf den Seniorenmarkt und ist dabei außerordentlich erfolgreich. In unseren Breiten betreiben die Marketinggurus noch fleißig Hochglanz- und Jugendkult und liegen damit weit abseits der Erfolgsstraße.

Wie sieht die Realität aus? Die Alten sind im deutschsprachigen Raum, ebenso wie in allen Industrieländern, die am schnellsten wachsende Bevölkerungsgruppe. Diese Menschen bleiben nicht nur fit bis ins hohe Alter, sie sind geradezu hungrig nach Vergnügen und Reisen. Über 40 Prozent aller Reisen werden von den über 55jährigen gebucht.

Die Konsumgüterindustrie und die Modebranche haben sich längst darauf eingestellt, daß die älteren Semester trendig und ausgabefreudig sind. Nur die Tourismusverantwortlichen denken noch in althergebrachten Klischees und posaunen hinaus, daß die Kinder die Urlaubsentscheidungen treffen würden. Unsinn! Es ist immer noch gleich: Wer zahlt schafft an. Und das meiste überflüssige Geld befindet sich in den Händen der grauen Panther. Destinationen, die die Senioren nicht als wichtige Zielgruppe anerkennen und im Angebot und in der Werbung berücksichtigen, haben den dringenden Bedarf nach neuen Vermarktungsmanagern. Das Schlimmste, oder, besser gesagt, die beste Methode, die älteren Herrschaften fernzuhalten, ist es, in der Werbung ganz auf überholte, romantische Altersidylle zu setzen. Wer den gelungenen Lebensabend durch weißhaarige Paare, womöglich inhaltslos mit Spazierstock und Dackel auf Parkbänken unter stillen Bäumen sitzend symbolisiert, erzielt einen geradezu beleidigenden Abschreckungseffekt. Die heutigen Ruheständler wollen alles andere lieber, als still und bescheiden im Abseits zu stehen. Dazu gehen sie nicht ins Fitneß- und Bräunungsstudio und dazu radeln und joggen sie nicht ihre wöchentlichen Kilometer ab.

Es ist wirklich verblüffend, mit welcher Verbohrtheit unsere Tourismuswerber immer noch durch die Luft fliegende jugendliche Snowboarder zum alleinigen Werbeträger machen. Dabei sind inzwischen allein in Deutschland über 16 Millionen Menschen älter als 60 Jahre. In den USA stellt die „American Association of Retired People“ mit 33 Millionen Mitgliedern eine der mächtigsten Lobbys dar.

Es wird also Zeit, sich auf die neuen Alten einzustellen. Die Freizeitwirtschaft und die Urlaubsunternehmen sollten sich darauf ausrichten, daß ihre älteren Kunden nach der Beendigung des Berufslebens mit voller Härte den Kampf gegen das Altern aufnehmen. Diese Herausforderung beschäftigt sie mehr als alles andere und danach planen sie ihre Ernährung und ihre Aktivitäten. Die luxuriösen Urlaubsziele auf Hilton Head Island in South Carolina oder in Florida, die besonders viele überwinternde Senioren beherbergen, haben ihr Angebot diesem Marktsegment in vielfacher Weise angepaßt. So sind beispielsweise Verkehrsschilder und Straßenbezeichnungen mit Riesenbuchstaben bemalt. Ebenso sind Stiegenaufgänge, Beleuchtungen und Supermarkets auf ältere Menschen, aber auch auf Greise eingestellt. Schließlich soll in den Feriengebieten auch jenen Menschen, die sich in der allerletzten Lebensphase befinden, eine hohe Lebensqualität geboten werden. Sie sind auch bereit und in der Lage dafür zu zahlen.

Die Marktforschung belegt es ganz eindeutig: Die heutigen Rentner und Pensionäre sind die reichsten Alten aller Zeiten. Sie verfügen tatsächlich über eine hohe Kaufkraft und natürlich gleichzeitig über die Möglichkeit zur flexiblen Zeiteinteilung.

Es wäre verfehlt zu glauben, daß ältere und alte Menschen nur mehr an Kur und Wandern interessiert seien. Sie haben das Bedürfnis, körperliche und geistige Herausforderungen aufzugreifen. So sind bereits mehr als zehn Prozent der Menschen zwischen 60 und 70 Jahren in Deutschland und Österreich Online. Eigene Senioren-Laptops mit vereinfachter Software und einer Spezial-Mouse sind bereits auf dem Markt. Der Tourismus sollte auch auf diese Bedürfnisse älterer Kunden eingehen.

Wohlfühlen ist nicht nur eine Frage der physischen Bequemlichkeit, es hängt vor allem auch von der spirituellen Integration der Menschen in eine bestimmte Umgebung und eine bestimmte Gesellschaft ab. Gerade ältere Ferienmenschen haben das Bedürfnis zu dieser vollwertigen Integration. Für die Ferienpolitik liegt hier eine noch weitgehend unerfüllte Aufgabe vor. Kaltschnäuzige Werbeprofis haben nicht nur ein zu geringes Einfühlungsvermögen in die menschliche Wirklichkeit, sie neigen auch dazu, im Sinne spektakulärer Momentaufnahmen auf die falschen Pferde zu setzen. Es ist hoch an der Zeit, daß auch im Urlaubsmarketing ein Umdenken im Sinne einer besseren Erfassung der Realitäten eintritt.

Die Schattenseite des internationalen Tourismus

Laut dem UN-Center for International Crime Prevention sind 200 Millionen Menschen Opfer moderner Formen von Sklavereien. Viele von ihnen sind Frauen und junge Mädchen, die für sexuelle Zwecke gehandelt und mißbraucht werden. Viele dieser minderjährigen Sexsklaven werden für Sextouristen in Bordellen wie Gefangene gehalten. Die sozialen Gegensätze zwischen dem reichen und dem armen Teil der Welt, der Verfall der Flugpreise und die leichte Erreichbarkeit haben dem „Geschäftszweig" Sextourismus enormen Auftrieb gegeben. Die schlimmste Abart davon ist der Sextourismus mit Kinderschändung, der Mißbrauch Minderjähriger durch Touristen in den Zielländern. Viele Sextouristen behandeln Minderjährige wie Massenprodukte, ja Wegwerfware.

Man benützt sie, beschädigt sie, zerstört sie und wirft sie weg. Die Konsumgesellschaft hat hiermit die niedrigste, verwerflichste Stufe der Dekadenz erreicht: sie konsumiert Kinder. Bordelle sind zu Supermärkten der jungen Körper und der traurigen Augen geworden.

Für solche Sexkonsumenten gelten keine Grenzen, erst recht kein Mitgefühl oder gar Erbarmen mit dem gekauften Menschending. Überhaupt spielen Grenzen keine Rolle mehr, nicht Grenzen des anderen, der für seinen Benutzer ohnehin nichts weiter ist als ein Lustobjekt, nicht die Grenzen zu anderen Ländern und Völkern.

Die Mächtigen und Reichen jetten durch die Welt und bedienen sich ungeniert bei der Armut.

Und Armut ist nicht mehr nur Hunger, Krankheit, Obdachlosigkeit. Die Armut hat zusätzliche, neue Gesichter. Es gibt auch eine zutiefst quälende, äußerst erniedrigende Armut, die aus dem Bewußtsein entsteht, daß es auch andere Lebensmöglichkeiten gibt: Von Plakatwänden und Fernsehschirmen lacht eine Scheinwelt mit satten, lebenslustigen Menschen. So sorglos möchte auch das Kind in Lumpen einmal lachen können.

Ein schwammiger, häßlicher, fettbauchiger Weißer, an dem zwei philippinische Kinder wie traurige Kletten hängen, ist Symbol der schändlichsten Abart des Tourismus geworden. Der im Heimatland Verschmähte kann sich in der Fremde um wenig Geld mädchenhafte Jugend und entweihte Unschuld kaufen. Das Angebot ist riesig und der Preis schmachvoll niedrig: Zerstörung menschlicher Würde für ein Almosen.

Der Kindersextourismus hat heute schon viele Destinationen in der ganzen Welt. Besonders auch Teile der ehemaligen Sowjetunion mit ihrer großen Armut gelten als „interessante Geheimtips".

Hungernde Straßenkinder werden in Bukarest von pädosexuellen Managern aus ganz Europa mißbraucht. „Bumsbomber" aus allen reichen Ländern schaffen Sexbesessene in großer Zahl auf die Philippinen und nach Thailand.

Das Phänomen Kindersextourismus hat unendlich viele Gesichter. Noch sind Ausmaß und Auswirkungen dieser psychischen Krankheit unserer Zivilisation kaum zu ermessen. Institutionen, Politiker und Botschafter glauben, das Problem verniedlichen zu müssen, um das Prestige ihrer Länder zu wahren und um die Zahlungsbilanz nicht zu verschlechtern.

Erreichbar aber sind – vielleicht – die Täter. Und greifbar. Der Anteil unter den Sextouristen, die Minderjährige schänden und dabei sozusagen Zufallstäter, also „normale Männer" sind, liegt Schätzungen zufolge weit über 90 Prozent. Solche Täter trifft, gerade wenn sie nur Gelegenheitstäter sind und keinem inneren Zwang unterliegen, ein besonders hohes Maß an Schuld. Genau sie aber könnten andererseits möglicherweise durch unmißverständliche Aufklärungskampagnen und gezielte Informationen ansprechbar sein.

Die Reiseindustrie ist der Wohlfühlgesellschaft die klare Antwort auf diesen Mißstand, den sie mitzuverantworten hat, noch schuldig geblieben. Zwar gibt es Ansätze von vorbeugenden Aufklärungsmanövern, aber keine durchgreifenden und vollständigen Informationen und Maßnahmen. Es ist eine Tatsache, daß ein nicht allzu geringer Prozentsatz der Reisebürokunden, Flugpassagiere und Hotelgäste, die sich in die klassischen Destinationen des Sextourismus begeben, latente Kinderschänder sind. Die Angst durch deutliches Aussprechen der unfaßbar schrecklichen Folgen der Verbrechen, die diese Leute begehen, Kunden zu verlieren, darf kein Argument für feige Zurückhaltung sein. Die Reise- und Freizeitindustrie hat durch die Globalisierung und durch die große Armut in den Zielländern den Kindersextourismus ermöglicht. Sie hat aus diesem bedrückenden Phänomen einer sozial ungleichen Welt profitiert. Nun ist die Zeit gekommen, wo große Konferenzen der internationalen Tourismusorganisationen, wo man pathetische Reden hält, und kleinmütige Pseudoaktionen der Reiseindustrie nicht mehr ausreichen. Es muß im Einklang zwischen staatlichen Behörden und Reiseindustrie präventiv und repressiv massiv gehandelt werden. Die Ausbeutung des Elends in Osteuropa und in den Entwicklungsländern und die immer rasanter zunehmende sexuelle Kindersklaverei sind eine Schande für den gesamten Wohlstandsteil der Weltbevölkerung.

Die Globalisierung der Gewalt

Durch Gewalt zum Erfolg

Die Wohlfühlphilosophie lehnt jede Art der Gewalt ab. Die physische Gewalt, die psychische Gewalt und auch das passive Konsumieren von Gewalt, wie es im Übermaß durch die Medien angeboten wird. Die egomanische Gesellschaft der auf Dauerwettbewerb beruhenden globalisierten Marktwelt geht immer mehr dazu über, bestimmte Arten der Gewalt sogar zu idolisieren. Das beste Beispiel ist das neue Wesen der Politik. Erfolg in der Politik ist nicht mehr das Erreichen von Konsens, sondern das Überwinden, ja das Besiegen eines Mitbewerbers, eines Gegners, des Feindes. Unter kräftigem Mitwirken der Print- und elektronischen Medien wird die Feindbildpolitik immer stärker in den Vordergrund geschoben. Die österreichische Sozialpartnerschaft zum Beispiel war ein weltweit beachtetes Modell, einer auf Kompromiß und Verhandlung ausgerichteten Politik, die den politischen Mitbewerber respektiert hat. Auch in Österreich sind inzwischen andere politische Spielregeln eingezogen. Der neue Stil ist durch Polarisierung, Schlechtmachen des Konkurrenten, deutlich zum Ausdruck gebrachte mangelnde Verhandlungsbereitschaft und durch aggressive Aussagen geprägt. Im Zusammenhang mit Sparmaßnahmen werden jene Bürgergruppen, die besonders intensiv zur Kassa gebeten werden sollen, zunächst einmal schlecht gemacht, um ihren bürgerlichen Stellenwert in der Öffentlichkeit herabzumindern. In dieser Weise rufgeschädigt, treten die Opfer dann bereits mit lahmen Flügeln in die Verhandlungen und in die Auseinandersetzung ein. So werden beispielsweise Empfänger sozialer Leistungen als Sozialschmarotzer abgestempelt, Lehrer als Menschengruppe, die zu wenig arbeitet, Beamte als Privilegienritter. Es ist dies ein politischer Stil, der bewußt kränken will, der herabwürdigt, der berechtigte Forderungen von vornherein ablehnt. Die zu recht bestehenden Forderungen werden dann in der Endphase jenes Prozesses, den man wirklich nicht mehr Verhandlung nennen kann, als Gnadenakte verteilt.

Alles ist darauf ausgerichtet, sich selbst zu überhöhen um den anderen kleinzukriegen. Macht wird ausgenützt, um Schwächen anderer publik zu machen oder erpresserisch gegen ihn zu verwenden.

Das politische Modell bleibt auf andere Lebensbereiche nicht ohne Auswirkungen. So wird auch im allgemeinen Berufsleben und in der Privatwirtschaft um Posten gekämpft. Intrigen, Anschwärzungen, das Stellen von Fallen und die Profilierung auf Kosten anderer gelten nicht mehr als unsympathische Peinlichkeiten, nicht einmal mehr als Kavaliersdelikte, sondern sind zu Selbstverständlichkeiten geworden. Mobbing wird zum Sozialritual. Wer „anständig" ist und durch sachbezogene Arbeit seinen Weg nach oben gehen will, ist sozusagen „selbst schuld". Die zivile Gesellschaft hat ein hohes Maß an Egoprofilierung unter Einsatz aller Mittel, die das Gesetz gerade noch erlaubt, erreicht. Moral, Humanismus, Schamgefühl, Anstand, Mitgefühl sind Begriffe, die im Konkurrenzkampf überwunden werden müssen. Das vermeintliche Wohlgefühl der Sieger wird durch Erniedrigung und Unglück und Frust bei den Unterlegenen erkauft.

Unausgewogener Sozialabbau unter dem Deckmantel der Budgetsanierung kann auch als unfaire Art öffentlicher Gewalttätigkeit gesehen werden. Mühsam erworbene Sozialstandards, wie die Chancengleichheit für alle im Bildungsbereich, werden leichtfertig geopfert. Im Schnellsiedeverfahren zusammengezimmerte und ohne vorherige Verhandlungen mit den Betroffenen übereilt getroffene Beschlüsse greifen tief in die Lebensqualität vieler Bürger ein. Gerade diejenigen, die von weniger Staat sprechen, führen einen deutlicher sichtbaren und spürbaren Staat ein. Ein Staat, der beim kleinen Bürger gnadenlos dem Geld nachjagt, wird als verhaßter Gewaltausüber empfunden und zwingt den Bürger geradezu zum pausenlosen Nachdenken über Wege, wie er diesem gleichsam offiziellen Taschendieb entrinnen kann.

Der Staat wird zum professionellen Abkassierer, ja zum Ausbeuter des Mittelstandes. Eine derartige Staatsgewalt oder Politikerkaste holt sich freilich nur dort ihr Kleingeld, wo der Widerstand geringer ist: also beim sogenannten kleinen Mann, bei den sozial Schwachen, bei den Verunsicherten, Wehrlosen. Die materiell Überprivilegierten bleiben weitgehend ungeschoren. Wer an der Macht bleiben will, legt sich mit den Mächtigsten nicht an. Die Staatsgewalt übt ihre Gewalt berechnend aus. Wer nicht zahlen kann kommt unter die Räder.

Eine besonders perfide Art der Gewaltausübung ist die Manipulation der Meinung der Staatsbürger unter Heranziehung öffentlicher Mittel und mit Hilfe der Massenmedien. Als erfolgreiche „Imagepflege" betrachten Regierungen oder Politiker Public Relations-Aktionen, die so laufen, daß die Menschen gar nicht bemerken, beeinflußt worden zu sein. Öffentlichkeitsarbeit ist ein äußerst wichtiger Bereich des Marketing. Bei Mißbrauch wird diese Vorgangsweise in der Wirtschaft als unlauterer Wettbewerb geahndet. In der Politik wird Public Relation in vielen Fällen unverfroren und ungestraft auch als die „Kunst des Täuschens und Tarnens" eingesetzt. Wo ist im öffentlichen Leben die Grenzlinie zwischen PR und Propaganda zu ziehen? Diktatorische Regierungen verfügen über ein Propagandaministerium, die Mitglieder demokratisch gewählter Regierungen bedienen sich immer häufiger professioneller PR-Agenturen. Diese transportieren nicht nur die Inhalte der Sachpolitik, sondern kümmern sich auch um das Image ihrer Auftraggeber.

Michael Kunczik verweist in seinem Buch „Die manipulierte Meinung" auf folgende bemerkenswerte Sätze, die Hitler in „Mein Kampf" zum Thema Propaganda schreibt: *„Die Aufnahmefähigkeit der großen Masse ist nur sehr* *beschränkt, das Verständnis klein, dafür jedoch die Vergeßlichkeit groß. Aus dieser Tatsache heraus hat sich jede wirkungsvolle Propaganda auf nur sehr wenige Punkte zu beschränken und diese schlagwortartig solange zu verwerten, bis auch bestimmt der letzte unter einem solchem Worte das Gewollte sich vorzustellen vermag."*

Eine ganze Reihe der Politiker, die in weltanschaulicher Hinsicht mit Hitler sicher absolut nichts gemeinsam haben, scheinen sich dieser Techniken zu bedienen. Man muß nur fernsehen und Wahlauftritte genauer beobachten, um ihre Einstellung gegenüber den Bürgern zu verstehen. Der Kontrast zwischen der Haltung vor und nach Wahlen belegt mehr als deutlich, wie sehr man auf die von Hitler gepriesene Vergeßlichkeit baut.

Untersuchenswert in diesem Zusammenhang ist auch der Zusammenhang zwischen veröffentlichter Meinung und öffentlicher Meinung. Eine öffentliche Meinung entsteht dann, wenn eine große Mehrheit der Bevölkerung zu einem Thema eine bestimmte Meinung hat, und die Menschen sich ihrer Übereinstimmung in dieser Frage bewußt sind. Häufig sind die Meinungselemente auch emotional aufgeladen und es besteht ein Bedürfnis, die zur Gesinnung gewordene Meinung auch nach außen, das heißt öffentlich, zum Ausdruck bringen. Eine im Sinne politischer Strategen fokussierte öffentliche Meinung kann gezielt im Sinne psychischer oder sogar physischer Gewalt zur Erreichung von bestimmten Zielen ausgenützt werden.

Die veröffentlichte Meinung wird in Diktaturen von den Machthabern autoritär vorgegeben. In Demokratien, wo Pressefreiheit herrscht, bedienen sich Politiker und Inhaber öffentlicher Funktionen der Instrumente der Öffentlichkeitsarbeit, um eine veröffentlichte Meinung in ihrem Sinne zu erzielen. Jene Parteien, die an der Macht sind, haben ungleich größere Möglichkeiten, die Publikationen in ihrem Sinne zu beeinflussen als die Opposition. Häufig besteht sogar ein wirtschaftlicher Zusammenhang zwischen den Medien und dem Staat, sei es durch Subventionen oder Besitzverhältnisse, wie zum Beispiel bei öffentlich rechtlichen Rundfunkanstalten.

Die Aufgabe, der mit öffentlichen Mitteln bezahlten Pressemitarbeiter ist es, Journalisten zu „betreuen", das heißt, sie im Sinne der gewünschten Publikationen zu beeinflussen. Die ebenfalls aus dem Staatsbudget honorierten PR-Agenturen, in denen meistens einflußreiche Persönlichkeiten agieren und deren Honorare entsprechend hoch sind, haben die Aufgabe, veröffentlichte Meinungen zu schaffen, die zu der gewünschten öffentlichen Meinung führen. Je größer die Medienvielfalt um so schwieriger wird es, über veröffentlichte Meinungen öffentliche Meinungen zu schaffen. In kleineren Staaten oder Regionen, wo manchmal einzelne Zeitungen in fast allen Haushalten gelesen werden, ist der Einfluß dieser Medien enorm. Sie bestimmen die öffentliche Meinung in gewaltigem Ausmaß. Die „Betreuung" der Journalisten, die in Lokalblättern schreiben, wird für Lokalpolitiker zu einer erfolgsentscheidenden Aufgabe.

In der Wohlfühlgesellschaft wird sich die Öffentlichkeitsarbeit auf das Kommunizieren der für den Bürger wissenswerten Arbeitsinhalte konzentrieren. Die Machterhaltung wird nicht mehr durch gezielte und propagandistische Beeinflussung der öffentlichen Meinung beeinflußt werden. Es werden Gesetze beschlossen werden, die eine mißbräuchliche Verwendung öffentlicher Mittel für Eigen-PR verbieten. Der Bürger wird die Möglichkeit haben, die Leistung seiner Politiker nach Arbeitsinhalten zu beurteilen ohne durch schillernde Werbemanöver auf falsche Fährten gelockt zu werden.

Am 20. April 1999 richteten zwei Schüler an der Columbia Highschool, im amerikanischen Ort Littleton, das schrecklichste Schulmassaker der Geschichte an. Sie töteten zwölf Klassenkameraden, einen Lehrer und sich selbst und verletzten 23 andere. Diese beiden Kinder lebten in den Augenblicken ihrer Greueltat als wären sie in einem Videospiel. Die beiden Killer von Littleton führten ihr Leben in einer Scheinwelt, die durch Gewalt im Fernsehen, Kino, Internet und des elektronischen Spieles Doom geprägt war. Sie widmeten diesem Spiel täglich mehrere Stunden und änderten es so ab, daß sie es in ihrer Schule in die Realität umsetzen konnten. Es war bereits 2,7millionenmal verkauft worden und wurde von den beiden Buben in blutiger Grausamkeit unter Heranziehung ihrer Schulkameraden als Zielscheiben nachgespielt. Dieses besonders krasse Beispiel ist eher typisch für die amerikanische Gesellschaft. Aber auch in Europa, das kann niemand bestreiten, sind Gewalttaten vorgefallen, die auf eine Beeinflussung der Täter durch die Medien deuten.

John Naisbitt weist in seinem Buch „High Tech – High Touch" darauf hin, daß *„die Kinder dieselben Spiele, die das Militär zum Training seiner Soldaten benutzt"*, spielen. Allerdings sei es so, daß die Kinder öfter und länger als die Soldaten und ohne den Regeln, die *„zur soldatischen Disziplin gehört"*, spielen. Er deutet an, daß *„Spiel immer mehr zum Krieg und Krieg immer mehr zum Spiel"* werde.

Die egomanische Welt wird über die Bildschirme und durch elektronische Spiele, in die Köpfe und Seelen der Jugendlichen hineingetrommelt. Das Programmangebot steht Kindern und Jugendlichen so gut wie ungefiltert zur Verfügung. Welche Auswirkungen der Konsum von Gewalt, die über Bildschirme ausgestrahlt wird, auf das Verhalten von Jugendlichen und auf deren Persönlichkeitsentfaltung hat, ist noch unzureichend untersucht worden. In den meisten europäischen Staaten hat die notwendige Diskussion über den Zusammenhang zwischen den massiven medialen Gewaltdarbietungen und dem Zunehmen der Gewalt in der Gesellschaft noch nicht stattgefunden. Auch in dieser Frage sind die Globalisierung und der schrankenlose freie Markt mitbestimmende Faktoren.

Gewalt ist ein Produkt, das sich gut verkauft. Die Nachfrage nach Gewalt ist enorm. Höhere Zuseherquoten bei Filmen und Reportagen, die grausame Szenen bieten, bewirken auch ein hohes Interesse der Werbebranche, solche Werke zum Plazieren ihrer Werbung heranzuziehen. Wer seine Werbung zur richtigen Zeit bietet, hat ein breiteres Zielpublikum und verkauft besser. Und wer besser verkauft, kann mehr produzieren und damit auch Arbeitsplätze sichern. Man könnte also, um diesen Teufelskreis abzuschließen, sogar ironisch sagen, die Gewalt, der unsere Kinder ausgesetzt sind, hat auch eine positive sozialpolitische Funktion.

Es ist auch tatsächlich so, daß mit diesen scheinheiligen Argumenten seitens der Industrie für die Fortsetzung selbst extremer Brutalitäten in den Medien argumentiert wird.

Gewalt wird nicht nur durch die Unterhaltungsindustrie, sondern auch durch die Sofortberichterstattung über weltweite tragische Ereignisse ins Haus geliefert. Die moderne Technik ermöglicht es, bei jeder Katastrophe life dabei zu sein. Kriegerische Auseinandersetzungen und Terroranschläge werden als Informationen, mit großer Liebe fürs Detail, mitten in die Wohnzimmer hineingetragen. Keine Generation von Kindern wurde je mit einer solchen Fülle an Bildern von Vergewaltigung, Leid, Bombardierungen und Massakern konfrontiert. Diese Tatsache wirft eine Fülle von Fragen auf.

Schon immer wollte das Volk dabei sein

Ein Rückblick in die Geschichte läßt wohl annehmen, daß viele Menschen schon immer Freude daran fanden, bei der Durchführung von Grausamkeiten zuzusehen oder an Veranstaltungen, in deren Rahmen Greueltaten verübt wurden, teilzunehmen. Das „Aufhängen" der zum Tode Verurteilten und andere Arten der Exekution, wie Pfählen und Vierteilen, haben johlende Menschenmassen auf die Beine gebracht. Dasselbe gilt für Hexenverbrennungen. Auch die Begeisterung für Stier- oder Hahnenkämpfe, die letztlich zum Tode der mißbrauchten Lebewesen führen, ist ein äußerst merkwürdiges Phänomen der menschlichen Seele.

Wer heute Gewaltausübung als passiver Zuseher erleben will, muß sich nicht mehr an die Stätte der Grausamkeit begeben, sondern er bekommt sie täglich ins Haus geliefert. Das ist eine fragwürdige, revolutionäre Neuerung, die wir der modernen Informationstechnologie verdanken.

Die Medienindustrie betrachtet sich selbst gerne als Sündenbock der öffentlichen Meinung. Für das Zunehmen der Gewalt bei Jungendlichen sei, so ihre häufig verbreitete Argumentation, der Zerfall der Familie und die sinkende Qualität der Schule verantwortlich. Videospiele, Fernsehprogramme und die Filmindustrie sind, das muß anerkannt werden, sicher nicht allein verantwortlich für gesellschaftspolitische Entwicklungen. Sie sind aber doch an der Veränderung mancher Gepflogenheiten innerhalb der Familie und auch innerhalb der Schulen in massiver Weise mitverantwortlich.

Sowohl die Politik als auch die Gesellschaft haben es bisher verabsäumt, eine unmißverständliche Meinung zu formulieren und konkrete Maßnahmen zu setzen, die den Schutz von Kindern und Jugendlichen verstärken. Die Ausrede, daß das Problem durch die Fülle der neuen Fernsehkanäle, die über Kabel bezogen werden können, oder durch die Unkontrollierbarkeit des Internet nicht in den Griff zu bekommen sei, kann nicht akzeptiert werden. Auch in der Frage der Umwelt zum Beispiel ist das Problem des globalen Ausstoßes von Schadstoffen unendlich schwer zu beherrschen. Trotzdem aber gibt es zu diesem Thema das Bemühen um eine weltweite eindeutige Meinungsbildung. Zumindest diese Vorgangsweise ist auch zu dem Megaproblem der Gewaltausstrahlung über die elektronischen Medien als erster Schritt notwendig.

Die Frage, ob das Miterleben von Gewalt Unterhaltung oder unterhaltsam sein darf, ist uralt. Gibt es überhaupt Zusammenhänge zwischen dem persönlichen, aktiven Verhalten eines Menschen und seinen Empfindungen bei der bloßen Beobachtung von Gewaltausübung?

Die paradoxe Erscheinung der Unterhaltung durch Grausamkeit, der „Entertainment Violance", kam in besonders spektakulärer Weise schon bei den Gladiatorenspielen im alten Rom zum Ausdruck. Die gesamte Bevölkerung lebte im Banne dieses, zum Vergnügen der Zuseher, inszenierten Blutvergießens. Die Blutorgien fanden aber nicht nur im Kolosseum statt. Wie Nikolaus von Damaskus im ersten Jahrhundert beschrieb, boten reiche Römer ihren Gästen sogar bei privaten Dinnerparties kleine Gladiatorenkämpfe mit tödlichem Ausgang.

Es ist vielleicht vermessen, das Abschlachten von Tieren und von Menschen in einem Atemzug zu nennen. In einer Hinsicht aber ist die „Kultur der Stierkämpfe" durchaus mit jener der „Gladiatorenkämpfe" zu vergleichen. In beiden Fällen wird die Gewalt mit Ästhetik in Verbindung gebracht und als eine Art von Kultur bezeichnet. Der Edelmut des Toreros, der Kampfgeist des Stieres oder die noble Geste und Schönheit, mit der der Gladiatorensklave hingeschlachtet wurde, finden beide in der jeweiligen Literatur Eingang und dienen auch als Rechtfertigung für das Genießen der Grausamkeiten.

„Panem et circenses" waren ein Instrument, das den Politikern der Antike dazu diente, um ihre Bürger bei Laune zu halten. Sind etwa die großzügigen Events, die politische Verantwortungsträger in unseren Breiten heute veranstalten oder zumindest finanzieren, von ähnlichen Motiven getragen? Wenn inhaltlich nicht mehr viel zu bieten ist, muß das Volk unterhalten werden. Das geht heute wenigstens ohne Blutvergießen vor sich.

Die Gladiatorenspiele wurden im Laufe der Zeit immer mehr als Unterhaltung für das Volk und als Ausdruck der Großzügigkeit der öffentlichen Würdenträger gesehen. Für die Spiele zur Unterhaltung der Römer wurden lebende Tiere, Sklaven und Gefangene aus allen Ecken und Enden der damaligen Welt nach Rom gebracht. Menschen, die im Kolosseum umkamen, wurden entweder als entbehrliche Nicht-Menschen, als Sklaven oder wilde Tiere oder aber als Kriminelle oder Kriegsgefangene, die dieses Schicksal verdienten, betrachtet. Aber auch der Tod von Freiwilligen, die sich aus Not in dieses Schicksal gefügt hatten, wurde von der Menge nicht betrauert. Die Gladiatorenspiele hatten ein wirtschaftliches Ausmaß, das durchaus der Größenordnung heutiger professioneller Massensportveranstaltungen vergleichbar ist. Der Formel-1-Zirkus ist eine gewaltige Geldmaschine. Sponsoren laden ihre wichtigsten Kunden zu diesen Spektakeln ein und bewirten sie dort auf großzügigste Weise. Die Sponsoren wollen sich damit die Gunst ihrer Kunden erkaufen. Die Formel-1-Piloten sind die antiken Gladiatoren, die ihr Leben riskieren, und das Spektakel, das den Menschen geboten wird, wird ihnen durch Bewirtung (panem) noch versüßt. Im alten Rom war die Zielgruppe die römischen Bürger, von deren Gunst die politischen Würdenträger abhingen. Und heute?

Weder dem Abfahrtsläufer beim Schifahren, noch dem Formel-1-Piloten wünschen die Zuseher – eingestandener

Weise – einen Unfall oder gar den Tod. Sollte aber eine tödliche Karambolage oder gar ein spektakulärer Sturz bei einem Schiabfahrtslauf zustande kommen, so wird dieses Ereignis in allen Details wieder und immer wieder im Fernsehen gezeigt. Und auch bei den Zuschauern, die anwesend waren, hinterläßt das so hautnah Erlebte eine grauenvolle Befriedigung. Das Spektakuläre, das Grandiose am Autorennen oder am Abfahrtslauf sind nicht die Geschwindigkeit als solche, sondern die Gefahr, die der Wettkämpfer überwindet. Er muß bis an seine äußersten Grenzen gehen um zu gewinnen. Um dies zu tun, muß er auch bereit sein, seine eigene Sicherheit einzusetzen. Die aufregendsten Momente bei Eishockeyspielen, vor allem für manche Frauen, die das auch offen zugeben, sind jene, wo die Spieler die Stöcke fallen lassen, ihre Handschuhe ausziehen und mit den blanken Fäusten aufeinander los gehen. Die Freude, jetzt der ungeschminkten Gewalt zusehen zu können, überkommt die Massen. Und sie jubeln.

Die Grausamkeit bis zum bitteren Ende der Verstümmelung oder des Todes braucht der Mensch zu seiner Erregung heute nicht mehr live anzuschauen. Dieses Schauspiel wird ihm virtuell, aber häufig sehr wirklichkeitsnah, im Fernsehen geboten. Zusätzlich zu grausamen Wirklichkeiten, die in den Nachrichten gezeigt werden, gibt es allabendlich ein Überangebot an Gewalt, Töten, Mord, Psychoqualen. Das Befördern eines Menschen vom Leben in den Tod wird als etwas unheimlich leicht Durchführbares, ja fast klinisch Sauberes dargestellt. Das Töten wird zur Selbstverständlichkeit, ja zur Unterhaltung.

Während der französischen Revolution holte sich der Mob, der Durchschnittsmensch also, seinen „Kick“ vom Fallen des Fallbeiles. Der Schädel, der eben noch fest auf der Schulter eines Mitbürgers oder einer Mitbürgerin saß und der ihn dann mit noch offenen Augen, abgeschnitten und im Korb liegend, anstarrte, bewirkte scheinbar nicht Schaudern oder Grausen, sondern riß die Zuschauer zu Freudenschreien hin.

Eine eigenartige Kultur der Gewalt lebte auch die katholische Kirche mit ihrer Hexenverbrennung der Geschichte vor. Auch hier regierte nicht stummes Entsetzen unter den Menschenmassen, sondern eher zustimmendes Gejohle.

Das Verbrennen von Witwen, das Opfern von Jungfrauen an die Götter, die Gottesurteile des Mittelalters – seltsame Formen der Grausamkeit und Gewalt – werden durch religiöse Zwangsvorstellungen und die Phantasie vermeintlicher gottgesandter Priester legitimiert. Es scheint, daß sich im Laufe der Geschichte die Menschenmassen genau jenes Ereignis, vor dem sie sich selbst am meisten fürchteten, nämlich den Tod, wenn er andere Lebewesen betraf, häufig als Thema der Unterhaltung ausgesucht haben.

Die allgemeine Reaktion der Römer im Kolosseum auf unvorstellbare Greuel waren Jubel und Freude, offensichtlich eine Art Wohlfühlen, statt Entsetzen und Horror. Die römische Kultur der Gewalt wurde Jahrhunderte lang allgemein gut geheißen und durch die Tradition geradezu geheiligt. Das Klima der Gewalt in dieser Gesellschaft fand natürlich auch in den privaten Haushalten, zum Beispiel bei der Behandlung der Sklaven, in fast selbstverständlicher Weise Niederschlag. Auch die grausamen Arten der Bestrafung, wie die Kreuzigung, waren ein Teil dieser kriegerischen Kultur. Viele Vertreter der intellektuellen Schichten und der Aristokratie erhöhten ihr Prestige als Sponsoren der großartigen Gladiatorenschauspiele. Seneca kommt immerhin zu dem Schluß, daß die Zuschauer *crudelior et inhumanior,* grausamer und unmenschlicher würden, und daß bei ihnen die Bereitschaft zur Gnadenlosigkeit und zum Mangel an Respekt für den Mitmenschen und andere Kreaturen steigen würde. Eine ähnliche Entwicklung bei den Betrachtern der heute so populären Freistilringkämpfe kann man sicher nicht ausschließen. Bei diesen Ringkämpfen, wo Menschen sich unter künstlich gespieltem Haß alles antun, was sich das menschliche Hirn nur vorstellen kann, toben die Massen und können nicht genug Gewalt, Gemeinheit und auch Blut sehen. Damals wie heute waren und sind Kinder vom Gaudium des Spektakels der Grausamkeiten nicht ausgeschlossen. In unserer Gesellschaft haben Kinder häufig freien Zugang zu Fernsehkanälen, wo Freistilringveranstaltungen übertragen werden. Das gegenseitige Zerstören, Verletzen, Schmerzenzufügen wird dort geradezu verherrlicht.

Die römischen Eroberer errichteten auch in den besetzten Gebieten Amphitheater und fanden auch dort Sponsoren, die ihnen das Abhalten grausamer Spiele ermöglichten. Der Widerstand war gering. König Herodes wollte in einem Amphitheater in der Nähe von Jerusalem Spiele abhalten. Die Juden allerdings fanden diese Spiele abstoßend und ihren althergebrachten Traditionen widersprechend.

Die schärfsten Kritiker traten erst unter den Christen auf, von denen ja viele als Märtyrer gequält und bei den Spielen ermordet werden sollten. Die Ablehnung gegen die römischen Gladiatorenspiele verstärkte sich im dritten Jahrhundert. Aber erst im vierten waren sie zu einer unvorstellbaren Monstrosität geworden. 483 wurden sie dann entgültig abgeschafft.

Mit dem Versuch eines Vergleichs zwischen den römischen Gepflogenheiten und unserer Zeit soll natürlich nicht angedeutet werden, daß die Veranstaltung von Gewaltspielen, in der Menschen bewußt getötet werden, in unserer Gesellschaft denkbar wäre. Bis zu einem gewissen Grade vergleichbar aber ist die Tatsache, daß damals wie heute der Nervenkitzel und die Unterhaltung beim Ansehen von Blutvergießen gesucht wurde und wird. Die Grausamkeiten, die zu Verstümmelung und Tod führen, waren damals live und echt, während sie heute sehr echt gespielt werden. Die Auswirkungen auf die Bevölkerung der Erwachsenen mag in beiden Fällen unterschiedlich sein. Ein normaler Erwachsener kann natürlich zwischen Realität und Schauspiel unterscheiden. Anders ist die Sachlage bei den Kindern.

Aber auch das Gaudium des blutigen Überlebenskampfes bis zum bitteren grausamen Tod findet selbst heute noch live statt. Nur handelt es sich bei den Opfern nicht um Menschen sondern um Tiere. Es gibt Länder, wo immer noch Zehntausende in die Stierkampfarena wandern und den aussichtslosen Kampf des Stieres mit Begeisterung verfolgen. Die Frage drängt sich auf, ob nicht manch einer dieser Zusehern doch auch den verzweifelten Kampf eines Menschen bis zum Tode anschauen würde?

Die Bildschirmkinder

Werden Aggression und Brutalität stärker durch Nachahmung oder durch angeborene Veranlagung ausgelöst? Das massive Angebot von Gewalt in den Massenmedien, das Kindern und Jugendlichen zur Verfügung steht, macht diese Frage so wichtig. Es gibt dazu eine Fülle von widersprechenden Meinungen und Bewertungen. Empirische Betrachtungen führen aber wohl zu der deutlichen Erkenntnis, daß ein Überangebot an Gewalt und ihre Verherrlichung zumindest jene jungen Menschen, die eine entsprechende Grundveranlagung in sich haben, selbst zur Ausübung von Gewalt führen können. Diktatorische Systeme mit ihren Propagandamaschinen haben im Laufe der Geschichte bewiesen, wie leicht Menschenmassen in tief empfundene, völlig irrationale Haßgefühle gegen künstlich aufgebaute Feindbilder getrieben werden können.

Die Kinder sind ein wichtiger Markt, ein lukratives Geschäft für Unterhaltung mit Gewalt und für Spielzeuge, mit denen das Töten nachgeahmt wird. Kinder unter vierzehn stellen in der entwickelten Welt ein gigantisches Marktpotential dar. 1997 haben sie in Amerika selbst 20 Milliarden Dollar ausgegeben. Weitere 200 Milliarden Dollar an Konsum wurden durch sie direkt beeinflußt.

Diese Summe soll bis zum Jahr 1999 um nahezu 20 Prozent gestiegen sein.

Es ist ungewiß, in welchem Ausmaß Kinder zu gewaltsamen Wesen erzogen werden oder als solche geboren werden. Eines ist aber klar: Sie werden durch die globalisierte Wirtschaft zu Kunden der Unterhaltung mit Gewalt gemacht. Als Konsumenten dieses neuen Wirtschaftszweiges werden sie nicht geboren.

Der neue Wohlfühlmensch lehnt das „Wohlfühlen", das durch den Schmerz anderer entsteht, ab. Er wird daher auch kein Kunde von Unterhaltung sein, die Gewalt und gewaltsame Handlungen verherrlicht. Eine friedliche Welt des Wohlfühlens kann nur dann stattfinden, wenn der Spruch *„homo hominis lupus"* keine Gültigkeit mehr hat.

Von nahezu allen befragten Eltern wird bestätigt, daß das Fernsehen auf Kinder und Jugendliche hypnotische Macht ausübt. 21 Prozent der amerikanischen Erwachsenen sind der Meinung, daß das Fernsehen mehr als jeder andere Faktor für die Gewalt unter Teenagern verantwortlich ist. Das Fernsehen kann freilich, bei vernünftiger Programmwahl, genauso der Verbesserung der Gesellschaft dienen wie es zu einem Abbau der moralischen Werte führen kann.

Das Erdolchen der Seele

Den Einfluß, den die Gladiatorenspiele auf seine Persönlichkeit als Zuseher hatten, bezeichnete Augustinus als das „Erdolchen der Seele". Werden nun auch die Seelen unserer Jugendlichen, die via Fernsehen im Laufe eines Jahres Tausende von Tötungen mit ansehen, erdolcht? Welche Art von Einfluß, welche Auswirkungen kann die im Übermaß konsumierte Gewalt auf die Menschen und besonders auf die Kinder haben? Es mag zu einer Verformung des Charakters der Zuschauer kommen. Darüber hinaus stellt sich aber die

Frage, welche Gefahren oder Risiken diese Konsumenten von Unterhaltungsgewalt für andere darstellen können. Werden sie dem reellen Leiden anderer gegenüber abgestumpft, weniger mitleidsfähig? Erleben sie eine Art emotionelle Anästhesie? Oder steigt ihre eigene Aggressionsbereitschaft? Werden sie zu potentiellen Gewalttätern? Wollte Augustinus zum Ausdruck bringen, daß zwischen dem Empfinden einer positiven Erregung beim Miterleben des Blutvergießens und der Neigung oder Bereitschaft, selbst Gewalt auszuüben, ein Zusammenhang besteht? Diese zu klären ist für die Beurteilung der Frage, wieviel und welche Art von Gewalt und Grausamkeit in den allgemein zugänglichen Medien zugelassen werden kann, ausschlaggebend.

Der durchschnittliche Mensch empfindet gegenüber dem reellen Töten oder dem Verstümmeln eines Mitmenschen, selbst wenn dies aus Gründen der Selbstverteidigung erfolgt, eine instinktive Ablehnung und ein tief in sein Gemüt gehendes Schaudern. In der Geschichte traten bei militärischen oder rebellischen Ausbildungen häufig Trainingsmethoden auf, die Jugendlichen helfen sollten – für kriegerische Bedarfsfälle – die natürlichen inneren Widerstände gegen Gewaltausübung zu überwinden. Töten wird in diesem Rahmen als rechtmäßig bezeichnet, autorisiert, ja befohlen. Töten wird als heroische und bewundernswerte Tat dargestellt, und die Opfer sind unwürdig oder haben das Risiko zu sterben selbst gewählt. Staaten vergeben in Kriegen Auszeichnungen für besonders hohe Zahlen an erfolgreich durchgeführten, legitimierten Tötungsakten.

Für den medialen Konsumenten bedeuten Attribute wie Autorisierung, Vaterlandsverteidigung und notwendige Gnadenlosigkeit eine Art moralische Berechtigung, beim Beobachten von Gewalt oder sogar beim Zusehen des Tötens Vergnügen zu empfinden. In den meisten Familien wird diese Art von Gewaltausübung gutgeheißen und in trauter familiärer Eintracht genossen. Der Soldat, der in der Schlacht tötet, der Polizist, der einem Übeltäter eine Kugel in den Kopf jagt, der Weiße, der einem Indianer den Schädel spaltet – es sind bewunderte, ja lobenswerte Gewaltausüber. Kinder sind all diesen Einflüssen ausgesetzt, schon lange bevor sie zwischen Realität und Fiktion, zwischen richtig und falsch, zwischen Scham und Schamlosigkeit unterscheiden können. Lange bevor sie intellektuell in der Lage wären, ihre eigene Zustimmung zu Akten der Gewalt zu geben, werden sie durch die Zustimmung ihrer Eltern dem Gewaltkonsum ausgesetzt.

Die Grenzen zwischen Sein und Schein

Die Unterhaltungsindustrie lehnt Vergleiche zwischen dem echten Greuel der römischen Gladiatorenspiele und den künstlichen Gewaltszenen der Filmindustrie kategorisch ab. Die Menschen könnten sehr genau zwischen der Realität und der durch Schauspieler vorgespielten und von Regisseuren inszenierten Filmwelt unterscheiden. Es sei ein großer Unterschied, ob man in der Arena sitze oder zu Hause vor dem Fernsehapparat. Häufig sehe man im Film außerdem den Kampf der „good guys" gegen die „bad guys". Dem muß man deutlich entgegenhalten, daß oft falsche Klischees kreiert und Verharmlosungen in den Köpfen der Menschen etabliert werden. Wenn John Wayne mit seiner Flinte zahllose Indianer vom Pferde purzeln läßt, so ist er im Grunde nichts anderes als Darsteller der damaligen ethnischen Säuberung Nordamerikas, also Teilhaber an einem Völkermord, Beteiligten. Wenn auch die Gewalttaten in Filmen nicht an echten Opfern verübt werden, werden sie immerhin von echten Menschen betrachtet und auf diese haben sie reelle Auswirkungen.

Die Filmindustrie ist in der Lage, die dargestellte Gewalt realistischer oder sanfter aussehen zu lassen. Sie kann verkleinern, verharmlosen, aber auch bis ins Unerträgliche vergrößern. Der Bildschirm macht es für die Konsumenten möglich, Formen und Grade der Gewalt in Nahaufnahme mitzuerleben, wie sie sie im Leben niemals zu sehen bekämen. Die Videotechnologie eröffnet sogar die Möglichkeit, grausame Szenen wieder und wieder anzuschauen. In Computerspielen kann die virtuelle Grenze der persönlichen Teilnahme überschritten werden. Spieler erhalten Punkte für den brutalen Umgang mit ihren Gegnern. Diese Spiele zeigen zum Teil höchst realistische Details der Gewalt.

Unbestritten ist, daß Kinder bis zum Alter von drei oder vier Jahren nicht in der Lage sind, Realität und Phantasie zu unterscheiden. Auch ältere Kinder sind nur selten imstande, das wahre Leben von den Bildschirmerlebnissen auseinander zu halten. Wenn Kinder zu Hause Ansätze von Gewalt miterleben, neigen sie dazu, diese Vorkommnisse in übersteigerter Form mit ihren Bildschirmerfahrungen zu vermischen. Weder Eltern noch Fernsehproduzenten scheinen sich darüber im klaren zu sein, welchen Schaden sie bei Kindern, die Sein und Schein noch nicht unterscheiden können, anrichten können.

Steigende Akzeptanz für aggressives Verhalten

Jede Art von Kunst, von der Literatur über die Malerei und Bildhauerei bis hin zur Musik, setzt sich mit Gewalt, Grausamkeit und Tod auseinander. Dasselbe trifft besonders auf Schauspiel und Film zu. Die schauspielerische Darstellung von Gewalt kann sehr verschiedene Instinkte und Gefühlskomponenten des menschlichen Wesens wachrufen. Es ist von fundamentaler Bedeutung festzuhalten, daß nur jene Darstellung von Gewalt, die sie verherrlicht und im Menschen Lustgefühle wachruft, äußerst gefährlich und abzulehnen ist. Das Auseinandersetzen mit der Gewalt in sachlichkritischer Weise, in einer Weise, die Mitleid weckt oder Menschen zum Nachdenken bringt, ist hingegen ein bedeutender Bestandteil von Informationsvermittlung und künstlerischer Ausdrucksweise. So setzen sich die Filme „Schindlers Liste" oder „La vita è bella" beispielhaft mit einem der traurigsten Kapitel der Geschichte der Gewalt auseinander. Es ist wichtig, solche Kunstwerke auch Jugendlichen zugänglich zu machen. Sie bewirken Angst oder auch Mitleidsgefühle, die auf die Zuseher positive, transformative Auswirkungen haben können. Filmische Kunstwerke dieser Größenordnung sind mit Filmen und Serien, die Gewalt zur Unterhaltung präsentieren, nicht vergleichbar.

Stellen die allabendlichen Programme mit ihren Gewaltszenen nun harmlose Unterhaltung dar? Oder sind diese Szenen von Gewalt und Sex das beste Mittel für den Durchschnittsbürger, um seine unbewußten, aggressiven Phantasien in harmloser Weise auszuleben? Kann er sich nur wohlfühlen, wenn er seinen Frust in die Bildschirmgewalt hinüberleitet? Es darf außer Frage gestellt werden, daß das Fernsehen ein äußerst wichtiges Medium, vor allem für die Bildung, ist. Es hat aber auch enormen Einfluß auf die Entwicklung von Aggressionen.

Die „American Psychological Association" kommt aufgrund einer Fülle von empirischen Untersuchungen zu dem Ergebnis, daß mediale Gewalt, sowohl langfristig als auch kurzfristig, schädliche Auswirkungen auf Kinder und Jugendliche hat. In ihrem Bericht heißt es, daß mit dem zunehmenden Konsum gewalttätiger Szenen eine steigende Akzeptanz für aggressive Handlungen anderer und auch ein Zunehmen der Bereitschaft für eigenes aktives, aggressives Verhalten einhergeht. Aggressive Verhaltensweisen, die in der frühesten Jugend gelernt werden, können lebenslange schädliche Auswirkungen haben. Aggressive Kinder mit Schulproblemen und Kontaktproblemen zu den Mitschülern sind häufig jene, die besonders viel Zeit vor dem Bildschirm verbringen. Die

Gewalt, die sie dort sehen, erhöht ihre Neigung zu aggressivem Verhalten und fördert damit ihre schulischen und später sozialen Mißerfolge. Langzeitbeobachtungen haben ergeben, daß übertriebenes Fernsehen im Alter von bis zu acht Jahren zu unsozialem Verhalten, einschließlich späterer krimineller Akte, wie Gewalt in der Familie, geführt hatten. Aber selbst jene Kinder, die ihr eigenes Verhalten nicht wesentlich verändern, modifizieren oft ihre Einstellung zu Gewalt.

Das allzu häufige Ansehen von Gewalt kann auch die Angst, selbst ein Opfer zu werden, verstärken. Dadurch wird natürlich das Mißtrauen anderen gegenüber erhöht. Andererseits entsteht so etwas wie Desensibilisierung gegenüber der Gewalt. Die Bereitschaft einzuschreiten, wenn andere etwa mißhandelt werden, sinkt. Bei manchen hingegen kann sich Appetit auf noch mehr Gewalt einstellen.

Die verschiedenen Menschen reagieren eben auf die Gewalt in den Medien in unterschiedlicher Weise. Die große Mehrheit freilich wird abgestoßen und sicher nicht dazu angeregt, selbst gewalttätig zu werden. Jene Individuen, die die innere Grenze überschreiten und selbst Gewalttaten ausüben, leiden häufig unter einer Kombination von vorhandenem Aggressionspotential und Unfähigkeit zum Mitgefühl.

Das Abstumpfen der Gefühle

Unterhaltungsprogramme mit gewalttätigen Inhalten beeinflussen die Zuseher in ähnlicher Weise wie die Werbung, die bewußt eine ein bestimmtes Konsumverhalten auslösende Wirkung erzielen will. Kinder sind sowohl durch Werbung als auch durch Gewalt wesentlich leichter zu beeinflussen als Erwachsene. Ihr Geist ist dem Dargestellten gegenüber mangels Erfahrung noch weit weniger kritisch. Die amerikanische Akademie der Kinderärzte und die American Medical Association weisen daher nachdrücklich darauf hin, wie wichtig es wäre, den Gewaltanteil in den Fernsehprogrammen zu reduzieren. Gleichzeitig betonen sie jedoch, daß es unumgänglich ist, die elterliche Aufsicht bei der Programmwahl der Kinder zu intensivieren.

Die vielen dramatischen Fernsehfilme über Kindesentführung, Erpressung, Mord und Mißhandlung führen zu einer Verunsicherung vieler Menschen. Die Gefahren der fiktiven Fernsehwelt werden in die reale Umwelt transferiert. Eltern fürchten, daß draußen auf ihre Kinder hinter jedem Baum und hinter jeder Mauer Gefahren lauern. Aus diesem Angstgefühl heraus halten sie die Kinder in den Wohnungen und Häusern statt sie hinauszulassen. Um sie zu Hause ruhigzustellen, genehmigen sie ihnen ein Übermaß an Fernsehkonsum. Gerade diese Kinder werden aus Angst vor reeller Gewalt den Medieneinflüssen in besonders intensiver Weise ausgesetzt. Die Folge ist, daß sie vereinsamen und ein gestörtes Verhältnis zu einer vermeintlich bösen Außenwelt entwickeln.

Eine große Gefahr, die sich aus übermäßigem, medialem Gewaltkonsum in jungen Jahren ergeben kann, ist die herabgeminderte Fähigkeit, Mitgefühl zu entwickeln. Die Inflation an Grausamkeit, Unrecht und Blutvergießen führt häufig zu echtem Abstumpfen der Gefühle. Sie läßt Individuen entstehen, denen es richtig schwer fällt, im realen Leben noch natürliche Emotionen zu empfinden. Eltern, die sich von der Verpflichtung, sich ihren Kindern zu widmen und ihnen persönliche Aufmerksamkeit und elterliche Liebe zu schenken, durch die Erlaubnis, übermäßig viel Zeit vor dem Fernseher sitzen zu dürfen, loskaufen wollen, sollten nicht überrascht sein, wenn sie es eines Tages mit gefühlskalten und desinteressierten Wesen zu tun haben.

Kinder müßten es lernen, „nichts dabei zu fühlen“, wenn sie das Ansehen von Horrorfilmen durchstehen wollen, heißt es. Diese fragwürdige Lerntätigkeit kann aber auf die Gefühlswelt, abseits vom Bildschirm, nicht ohne Auswirkungen bleiben. Es wird sehr schwer, Grenzlinien zwischen jener Gefühlswelt, die fernsehbezogen ist, und der wirklichen zu ziehen. Die Schranken zwischen virtueller Gewalt und echter Gewalt können fallen.

Aus hilflosen Kindern kritische Medienkonsumenten machen

Gesellschaft und Familie haben die Verpflichtung, Kinder und Jugendliche vor Charakterschäden, die sich aus zu hohem virtuellen Gewaltkonsum ergeben können, zu schützen. Innerfamiliäre Richtlinien und Verbote allein aber sind zu wenig. Die Möglichkeiten für Jugendliche an Programme, die ihrer Entwicklung schaden können, heranzukommen, sind zu vielfältig. Es ist daher Ziel des notwendigen Dialoges zwischen Politik, Schulen und Eltern, zu geeigneten Schutzmaßnahmen zu gelangen. Die Einführung der Zensur und die Beschneidung individueller Freiheiten kommen in unserer Gesellschaft nicht mehr in Frage. Die Politik muß daher für gesteigertes Verantwortungsgefühl auf allen Seiten sorgen. Nicht nur ein verbessertes Programmangebot in den öffentlich rechtlichen Sendern, sondern vor allem auch Initiativen und Aktivitäten, die Kinder und Jugendliche vom Bildschirm fernhalten, müssen Abhilfe schaffen.

Medienerziehung in den Schulen wird zu einer gesellschaftspolitischen Notwendigkeit. Dieses Fach hat dieselbe erzieherische Bedeutung wie etwa Sexualkunde oder Drogenaufklärung. Die Kinder müssen mit großem Einfühlungsvermögen auf die Gefahren und Chancen, die der Bildschirm birgt, hingewiesen werden. Es geht darum, aus hilflosen Kindern kritische Medienkonsumenten zu machen. Gerade für das so aufnahmefähige Alter des Kindes muß die Schule ein Lenkungsinstrument werden, das dafür sorgt, die Kinder vor schädlichen Fernseheinflüssen zu bewahren und sie zu den richtigen Sendungen zu leiten. Freilich bedürfen vor allem auch die Eltern einer Medienschulung. Der fundierteste Schulunterricht hat kaum Auswirkungen, wenn der elterliche Einfluß in die entgegengesetzte Richtung weist.

Ob in der virtuellen oder in der wirklichen Welt, es gibt nach wie vor keinen Zweifel darüber, daß Gewalt hauptsächlich Männersache ist. Vor allem ist sexuelle Gewalt das dunkle Herz der Männerwelt. In den letzten 30 Jahren ist zwar einiges passiert, aber das männliche Gewaltmonopol über Frauen und Kinder ist noch weitgehend ungebrochen. Bis vor kurzem konnte der Mann in unserer Gesellschaft auf seinem Recht zur Erfüllung der „ehelichen Pflichten" bestehen. Die Vergewaltigung in der Ehe war daher nicht strafbar. Ein gewaltfreies Klima in der Gesellschaft und in der Familie ist nur möglich, wenn die Gleichberechtigung zwischen Mann und Frau nicht nur rechtlich, sondern auch in der Gesellschaft einhellig verankert und akzeptiert wird. Solange der Mann mit allen Mitteln darum kämpft, „ein echter Mann" und damit ein übergeordnetes Wesen zu sein, wird die innerfamiliäre Gewalt nicht einzudämmen sein.

Die Wohlfühlgesellschaft vertritt eine Kultur des gewaltfreien Miteinanderlebens. Genauso wie Gewalt gelehrt, gefördert und idolisiert werden kann, kann sie auch entlernt, bekämpft und entglorifiziert werden. Wir leben in einer Zeit, die von Gewalt im physischen aber auch im psychischen Sinn, quer durch unseren beruflichen und persönlichen Alltag, durchdrungen ist. Kulturen und Verhaltensweisen ändern sich. Wir haben die Chance, unserem Leben eine neue Wohlfühlqualität zu geben. In der modernen Wohlfühlphantasie hat Gewalt keinen Platz. Sie will sich der Meinung von Mahatma Gandhi anschließen, der einmal sagte: *„Wir sind ständig überrascht über die furchtbaren Entdeckungen auf dem Gebiete der Gewalt. Aber ich behaupte, daß viel mehr bisher nicht einmal erträumte und scheinbar unmögliche Entdeckungen auf dem Gebiete der Gewaltlosigkeit gemacht werden."*

Die schlimmste Form der Gewalt – sexueller Mißbrauch von Kindern

Erst der „Fall Dutroux“ hat das Ausmaß der sexuellen Gewalt gegen Kinder, unter dem unsere Erde leidet, wirklich erstmalig in die Weltöffentlichkeit gebracht. Dabei wurde schon im Frühjahr 1997 durch die Vereinten Nationen ein Bericht veröffentlicht, in dem das Ausmaß der sexuellen Ausbeutung von Kindern als „epidemisch“ bezeichnet wird. Es handelt sich um ein Phänomen von enormen Ausmaßen, bei dem die kommerziellen und kriminellen Ausbeuter ein gigantisches Geschäft machen.

Das Kind ist wehrloses Ziel von Gewalt, von Grausamkeit unvorstellbaren Ausmaßes und des Mordes. Immerhin verschwinden in Europa jährlich zirka 5000 Kinder für immer. Auch dieses extremste Phänomen des gewaltsamen Kindesmißbrauches ist rein quantitativ keine „Kleinigkeit“.

„Es ist nicht nur das Leben eines Kindes, das hier vernichtet wird“, schreibt Dirk Schümer in seinem Buch „Die Kinderfänger, ein belgisches Drama von europäischer Dimension“. Die ganze Familie, der Freundeskreis sind von dem Augenblick an verstört, es gibt kein anderes Thema mehr, der Zusammenhalt aller steht vor einer unvorstellbaren Zerreißprobe. Vielleicht hat der gräßliche Fall Dutroux dazu beigetragen, Tabus zu brechen und öffentliches Bewußtsein für eines der größten Probleme, unter dem unsere Wohlstandsgesellschaft leidet, zu schaffen. Eine Wohlfühlgesellschaft, in der die Gewalt, vor allem die sexuelle Gewalt gegen Kinder, in unglaublicher Dichte vorkommt, ist undenkbar. Es besteht längst kein Zweifel mehr darüber, daß sexueller Kindesmißbrauch zu einer Massenerscheinung geworden ist, die millionenfaches Leid schafft, aber auch auf die globale Zukunft der gesamten Erdbevölkerung Auswirkungen hat. Die Zahl der weltweit geschändeten, der versklavten, der verkauften, der gewaltsam in Bordellen, ja in Käfigen gehaltenen Kinder ist

ungeheuerlich. Eine neue Klasse von Menschen, die Klasse der Geschändeten, ist entstanden. Viele dieser Kinder überleben ihre Qualen nicht. Diejenigen außerdem, die nicht das Glück hatten, eine Therapie zu erhalten, und das sind, vor allem in den armen Ländern, die allermeisten Mißbrauchsopfer, sind besonders anfällig, als Erwachsenen selbst aktive Mitglieder des pädosexuellen Milieus zu werden.

Der Kindesmißbrauch hat seine Transport- und Kommunikationswege gefunden: Massentourismus und Internet. Aus dem verstohlen nur mit Hilfe seiner Phantasie sündigenden, geheimen Pädosexuellen ist ein Pädosurfer und Weltreisender geworden. Die steigende Kaufkraft und die Intelligenz der Perversion bedienen sich ungeniert bei der zunehmenden Armut und der ohnmächtigen Verzweiflung.

Die allgemeine Übersexualisierung, der Konsumsex, durch die Medien gefördert, verroht die Zivilisationsmenschen und macht sie potentiell gefährlicher. Der Wohlfühlmensch ist dringend gefordert, aufmerksam zu sein. Auch die engste Welt, die nächste Umgebung kann moralische Entfernungen unvorstellbaren Ausmaßes beherbergen. Wer sieht, muß handeln und darf nicht wegschauen. Der sexuelle Kindesmißbauch findet weitgehend im Verborgenen statt. Sextourismus und organisierte Pädosexualität sind zwar Massenerscheinungen geworden, sie sind aber dennoch nur die sprichwörtliche Spitze des Eisberges.

Im Kampf gegen den Kindesmißbrauch ist Gleichgültigkeit kalkulierte Feigheit. Nur wenn wir die Feigheit abschütteln und individuellen und kollektiven Mut zeigen, werden wir Kinder vor der Erniedrigung und vor dem „Zertretenwerden“ retten. Das moderne Sklaventum und der neue Sklavenhandel sind nicht nur Ergebnisse historischer, weltpolitischer Entwicklungen, sie sind auch Teil einer Gesellschaft, die grenzenlos in ihren Ansprüchen und ihrer Gleichgültigkeit gegenüber menschlichem Leid geworden ist. Der Kampf gegen Kinderschändung beginnt im eigenen Herzen.

Kinder sind neben den Gefahren sexueller Gewalt innerhalb und außerhalb ihrer Familien auch einer Dauerberieselung mit direkten, nicht selten geradezu aggressiven sexuellen Reizen ausgesetzt, wie sie vor zwanzig Jahren noch undenkbar war. Andererseits ist das offene, von Respekt und Verständnis getragene Gespräch über Geschlechtlichkeit und Liebe immer noch eine Seltenheit in unseren Familien. Wo und wie wird die nachfolgende Generation überhaupt auf eine respektvolle, von „Liebeslust" erfüllte Partnerschaft vorbereitet? Man muß kein Kinderschänder sein, um Heranwachsende für diese aus Liebe erwachsende Lust zu verderben.

Wohl gibt es eine sehr dekorative Hochglanzkinderliebe, die viele Menschen – und insbesondere Politiker – wie einen Ausweis für ihre Menschlichkeit benutzen. Das Kind wird als Werbefaktor mißbraucht – wie schöne Frauen und auch Tiere. Das Benützen von Kindern für machtpolitische Zwecke ist auch eine Art von Kindesmißbrauch, erst recht dort, wo nüchterne Werbestrategen Kinder verwenden, um einem Machtmenschen ein besseres Image zu verschaffen. Auch Hitler ließ sich am liebsten mit Hunden oder kleinen Kindern auf dem Schoß ablichten. Wie mag diesen Opfern seiner Imagepflege zumute gewesen sein, als sie, erwachsen geworden, erkennen mußten, daß sie geholfen hatten, das Image eines perversen Massenmörders zu polieren?

Der Wohlfühlplanet

Die Welternährung leidet an globalem Mißmanagement

Ist das Welternährungsproblem in Wirklichkeit nur ein Verteilungsproblem? Namhafte Experten sind davon überzeugt, daß bei besserer Organisation des Nahrungsmittelvertriebes niemand auf der Welt verhungern müßte. Die Suche nach dem besten Weg aus der Hungerfalle ist zum erbitterten Streitthema zwischen Wissenschaftlern, Managern, Umweltschützern und für die Entwicklungshilfe Verantwortlichen geworden.

Die großen Hungersnöte konnten fast nie (mit Ausnahme von Bangladesch) auf Probleme in der Landwirtschaft zurückgeführt werden. Die Gründe sind hauptsächlich in der Politik oder in fehlerhaften Verteilungssystemen zu suchen. Burma zum Beispiel war ein großer Reisexporteur. Durch die Politik des Diktators Ne Win wurde das Land gezwungen, Reis zu importieren. Für die Hungersnöte in Äthiopien war das Zerstören der gut funktionierenden kleinräumigen Distributionssysteme durch das marxistische Regime von Mengistu verantwortlich. Die Hungerskatastrophe in Somalia ist auf Stammeskriege zurückzuführen, durch die die Saat verhindert wurde. Rußland hat Weizengebiete, die den größten Kornkammern Nordamerikas, wie Nord-Dakota oder Saskatchewan in Kanada, vergleichbar sind. Trotzdem wurde dort, aufgrund der Mißstände im sozialen Gefüge, weniger als ein Drittel der nordamerikanischen Mengen erzeugt.

Fest steht, daß das Ernährungsproblem die Menschheit in Gruppen aufteilt. Auf der einen Seite kämpfen die Wohlhabenden dieser Erde um Schlankheit, auf der anderen ringen die Armen gegen den Hungertod. Während in unseren Breiten lange Zeit der Wohlstandsbauch und die Feistigkeit Symbol für das Gutsituiert-Sein, ja für Reichtum war, ist die Fettleibigkeit in den USA heute Erkennungszeichen für die wirtschaftliche Unterschicht. Arm und reich unterscheiden sich nicht mehr an der Quantität der zur Verfügung stehenden Nahrungsmittel, sondern an deren Qualität. Ärmere Amerikaner können sich eine gesunde Ernährung nicht leisten.

Essen war immer ein Thema und wird eines bleiben. Ein Hungriger kann sich nicht wohlfühlen. Die Ernährungsfrage kann der Wohlfühlmensch nicht auf seinen eigenen Gaumen und Magen beschränken. Es handelt sich um eine globale Problematik, deren Lösung das Gewissen jedes einzelnen betrifft.

Es mag grotesk klingen, aber die Überernährten und die Unterernährten der Welt sind durch Gemeinsamkeiten gekennzeichnet. Diese beiden Gruppen zusammen machen immerhin etwa 1,2 Milliarden Menschen aus. Beide sind von Krankheiten, Behinderungen und kürzerer Lebensdauer bedroht. Beide stellen auch Probleme für die wirtschaftliche Entwicklung ihrer Länder dar. Die Nahrungsproduktion ist in den letzten Jahren weltweit dramatisch gestiegen. Trotzdem beträgt der Anteil der Unterernährten immer noch zirka 20 Prozent der Weltbevölkerung. Nutznießer der Nahrungsmittelerzeugung waren zum allergrößten Teil die Menschen, die im Norden leben, also die reichen Länder. Die schrecklichen Bilder der zum Skelett abgemagerten, vom Hungertod bedrohten Kinder stammen vor allem aus den afrikanischen Staaten südlich der Sahara. Gerade dieser Teil der Welt ist von der positiven Entwicklung der Nahrungsmittelproduktion vollkommen abgekoppelt.

Der Mensch treibt zu Land und zu Wasser Raubbau. Es werden zwar durch Brandrodung riesige Flächen neuen Ackerlandes gewonnen. Was aber geschieht mit ihnen? Sie werden im Sinne der industriellen Tierhaltung zum Großteil für den Anbau von Futtermittel für Rinder, Schweine und Hühner verwendet. Es kommt zu gewaltigen Disproportionen, denn weltweit betrachtet werden für ein Kilo menschlichen Fleischgenusses an die 20 Kilogramm Tierfutter verbraucht. Die Erde wird von 1,3 Milliarden Rindern bevölkert, deren Gewicht man insgesamt höher einschätzt, als jenes der 6 Milliarden menschlichen Erdenbürger. Der Großteil der Fleischproduktion wird von den wohlgenährten Menschen des Nordens verzehrt. Welch dramatische Umverteilung von den Hungrigen zu den Satten!

Ähnlich bedenklich ist die Situation im Fischfang. Es gibt weltweit zirka 3,5 Millionen Fischerboote. Für die Hungernden der Welt bleibt vom täglichen Fischfang nur sehr wenig übrig. 60 Prozent der wichtigen Fanggebiete sind in ihrer Ergiebigkeit überdies schon erschreckend gesunken. Ein Drittel des gesamten Fischaufkommens wird aber zu Fischmehl verarbeitet, das wieder in den Fleischmastbetrieben verfüttert wird.

Während die Weltbank Gentechnik für ein wichtiges Werkzeug im Kampf gegen den Hunger in der Welt hält, würden manche Umweltschützer am liebsten die gesamte Agrarwirtschaft im Sinne bäuerlicher Kleinbetriebe organisiert sehen. Die Fronten zwischen Befürwortern der Biotechnologie und ihren Ablehnern sind verhärtet, und die Auseinandersetzungen werden nicht ohne Polemik ausgetragen. Den großen Firmen wird vorgeworfen, daß sie gentechnische Züchtungen patentieren lassen und damit die Saatgutpreise in die Höhe treiben. Selbst in vielen europäischen Ländern kommen bereits bis etwa dreiviertel aller Nahrungsmittel nicht mehr direkt vom Landwirt, sondern durchlaufen, bis sie beim Konsumenten anlangen, massive industrielle Veredelungsprozesse. Gleichzeitig mit dem Anwachsen des Anteiles von High Tech-Food kommt es zu einem immer engeren Zusammenschluß zwischen Agrarproduktion und Lebensmittelindustrie einerseits und der Pharmaindustrie andererseits. Der Gesundheitstrend und das Streben nach Lebensverlängerung bewirken in den entwikkelten Ländern die Herstellung neuer Produkte, die eine Kombination aus Lebensmittel und Medikament sind. Den verwöhnten Wohlstandsmenschen verspricht die Werbung für diese Produkte die ewige Gesundheit. All dies führt dazu, daß viele verunsicherte Menschen sich fast hysterisch inmitten einer Fülle unüberwindbar scheinender Widersprüche verstricken. Würde nur ein Bruchteil der Milliarden, die in den Industrienationen für Lebensmittel- und Medikamentenwerbung ausgegeben werden, in eine bessere Versorgung der Entwicklungsländer fließen, könnte die Zahl der jährlich dem Hungertod Erliegenden massiv herabgedrückt werden.

Die moderne Lebensmittelproduktion, einschließlich ihrer Vorstufen, hat sich zu einem der bedeutendsten Umweltprobleme entwickelt. So wie die Dinge laufen, wird sich dieser Prozeß in Zukunft noch verstärken. Die Fast food-Produkte verbrauchen auf ihrem langen Weg vom Saatgut bis zu ihrer Verpackung, vor allem durch Transport und Tiefkühlung, riesige Energiemengen.

Der Wohnplanet Erde leidet, was die Versorgung seiner Bewohner mit Nahrungsmittel anlangt, an globalem Mißmanagement. Trotz enormer technischer Fortschritte, trotz hochentwickelter Transportmöglichkeiten zerfällt die Erde in einen unterernährten Teil im Süden und in einen überfütterten im Norden. Um gesündere Gesamtstrukturen zu bewirken, muß die Landwirtschaftspolitik und die Nahrungsmittelgewinnung von ihrer uneingeschränkt globalen Sicht der Dinge abrücken. Vor allem müssen die Menschenmassen in den Megametropolen durch eine gut funktionierende, regionale Nahrungsmittelindustrie versorgt werden. Intelligente Verteilungsmechanismen und rationelle Erzeugungsketten sind gerade hier dringendst notwendig.

Trotzdem ist aber auch die Erhaltung traditioneller bäuerlicher Strukturen in verschiedenen Teilen der Erde, darunter vor allem im europäischen Alpenraum, von eminenter kultur- und ernährungspolitischer Bedeutung.

Die Gentechnik kann ein wichtiges Werkzeug im Kampf gegen den Hunger auf der Erde sein. Mit den konventionellen Zuchtmethoden allein wird es nicht möglich sein, jene verbesserten Getreidesorten auf den Markt zu bringen, die den Hungertod schrecklich hoher Zahlen an Menschen verhindern können. Etwa im Jahr 2015 wird die Hälfte der Menschheit, deren Zahl noch um zwei Milliarden steigen wird, in Städten leben. Man kann sich vorstellen, wie notwendig es sein wird, diese überbordende Stadtbevölkerung mit preisgünstigen Lebensmitteln zu versorgen. Wenn bei der Erfüllung dieser Aufgabe die Umwelt nicht völlig ruiniert werden soll, müssen die Möglichkeiten der Biotechnologie genützt werden. In der Dritten Welt leben heute zirka 125 Millionen Kinder mit Vitamin A-Mangel. Der Vizepräsident der Weltbank, Ismail Serageldin, ist überzeugt, daß die Produktion einer Vitamin A-reichen Reissorte, die durch bestimmte Gentransfers entstanden ist, diesen Kindern helfen könnte („Der Spiegel" 22/2000).

Die Kritiker der Gentechnologie haben, bisher jedenfalls, keine ernsthaften Ansätze für wirksame Ersatzlösungen zur Eindämmung des Massenproblems Hungersnot anbieten können. Vor allem sind es Wohlstandsmenschen, die sich gar nicht mehr vorstellen können, was es heißt zu hungern, die unter Hinweis auf kleine, persönliche Ängste den Einsatz der Biotechnologie verdammen. Die größte weltpolitische Herausforderung, der wir gegenüberstehen, ist es, den Hunger auf der Erde abzuschaffen. Um dieses Ziel zu erreichen, ist ein Wandel der menschlichen Grundeinstellungen notwendig.

Der Wohlfühlmensch darf sich nicht darauf beschränken, seine kleinen Ernährungsprobleme zur Lebensphilosophie hochzustilisieren. Die große Zahl der sich gut verkaufenden Bücher, die sich mit gesunder Ernährung befassen, und die vielen Artikel, die in Magazinen zu diesem Thema geschrieben werden, beweisen, daß für viele Menschen in der zivilisierten Wohlstandsgesellschaft ihre Schönheit, ihr physisches Wohlbefinden und ihre Lebensverlängerung zum Hauptthema geworden sind. Freilich schafft der Trend zu gesundem Leben und gesunder Ernährung wirtschaftliche Umsätze, Arbeitsplätze und ist Motor für den steigenden Wohlstand. Moralisch bedenklich wird diese Tendenz aber dann, wenn sie mit einer völligen Abschottung gegenüber den riesigen Hunger- und Krankheitsproblemen, die in anderen Teilen der Welt bestehen, gekoppelt ist. Dieser Ernährungschauvinismus drückt sich durch eine vollkommene Gleichgültigkeit gegenüber dem außerhalb der unmittelbaren Wahrnehmung stattfindenden Leid aus. Er zeigt sich auch in einer seltsamen Forschungs- und Technologiefeindlichkeit, die ihre Ursache in Ängsten vor möglichen Auswirkungen auf das eigene kleine Umfeld hat.

Der Wohlfühlmensch strebt natürlich nach persönlicher Gesundheit. Sie ist ja ebenso wie seine kleine heile Umwelt ein wichtiger Teil des Wohlfühlens. Aber dort darf sein Denken und Streben nicht enden. Die globale Mitverantwortung, zu der er sich bekennt, verpflichtet ihn, auch die Forschung und den technischen Fortschritt, die mithelfen können, das Welternährungsproblem zu lösen, nicht abzulehnen.

Die Sonne bringt es an den Tag

Seit dem Beginn des industriellen Zeitalters zieht es die Menschen magisch dorthin, wo Energie ist. Daher ist auch die gigantische Menschenwanderung in die Elendsviertel der Megastädte nicht zu bremsen. Zwei Milliarden Menschen in den Entwicklungsländern verfügen auch heute noch über keinen Elektrizitätsanschluß. Der dezentrale Solarstrom ist wahrscheinlich die einzige Chance, diese umwelt- und sozial schädliche Völkerwanderung zu bremsen. Nur die Photovoltaik, also die direkte Umwandlung von Sonnenlicht in Strom, kommt sozusagen zu den Menschen.

Trotz des globalen Treibhauseffektes, der durch die Verbrennung von Kohle, Öl und Erdgas verstärkt wird, ist die Menschheit immer noch im Festhalten an den nichterneuerbaren Energiequellen verfangen. Die Überzeugung von der Unerschöpflichkeit des zu Ende Gehenden ist eine paradoxe Erscheinung, an der die Mehrheit der Menschen klammert. Sie wird natürlich durch Werbe- und PR-Maßnahmen seitens der Mächtigen des Energiegeschäftes gefördert. Aber selbst bei den maßgeblichen Personen in den Weltunternehmen der Erdöl- und Automobilbranche mehren sich Zeichen einer gewissen Nachdenklichkeit. Die Realität des Treibhauseffektes wird auch von den großen Firmen nicht mehr geleugnet. Man beginnt große Summen in umweltschonende Energietechnologien zu investieren. Es haben aber noch nicht alle Wirtschaftsbosse erkannt, daß nur jene, die rechtzeitig Alternativen entwickeln, auch in Zukunft wirtschaftlich erfolgreich sein werden.

Das Zeitalter der fossilen Energie wird in der Zivilisationsgeschichte der Erde nur ein recht kurzer Abschnitt gewesen sein. Daß dieses Zeitalter eines Tages zu Ende gehen muß, steht außer Frage. Fraglich ist nur, wann der Wendepunkt eintreten wird. Und wie würde es dann weitergehen? Über diese Frage streiten die Experten.

Auch auf dem Gebiet des Energieumsatzes ist die weltweite Verteilung sehr einseitig: Etwa ein Viertel der Erdbevölkerung konsumiert drei Viertel des weltweiten Energieumsatzes. Da die fossilen Energievorkommen früher oder später zu Ende gehen werden, scheint es durchaus möglich, daß ein kleiner Teil der Weltbevölkerung von der fossilen Energie sogar weitgehend unberührt bleiben wird. Unberührt allerdings nur im Hinblick auf die direkte Nutzung. Die Umwelt- und klimatischen Schäden durch den CO_2-Ausstoß haben globale Auswirkungen und treffen jene Teile der Weltbevölkerung, die nicht zu den Nutzern der fossilen Energie gehören, genauso stark. Die Tatsache, daß die Umweltschäden, die durch fossile Energien ausgelöst werden, gleichmäßig, ja man könnte sagen, gerecht verteilt werden, entbehrt nicht einer gewissen Ironie. Die Verfügbarkeit über diese Form der Energie war nämlich seit dem Beginn des industriellen Zeitalters ein Schlüssel für die Verteilung von Armut und Reichtum. Die meisten internationalen Experten sagen voraus, daß der Energiebedarf bis 2020 neuerdings um die Hälfte bis zwei Drittel ansteigen dürfte. Gleichzeitig müssen aber die Ölkonzerne damit rechnen, daß der Höhepunkt ihrer Fördermöglichkeiten um das Jahr 2010 erreicht sein wird. Von diesem Zeitpunkt an werden die verfügbaren Erdölmengen zuerst langsam, dann immer schneller zurückgehen.

Die entscheidende umwelt- und wirtschaftspolitische Frage wird daher sein, rechtzeitig auf alternative Methoden der Energiegewinnung umzusteigen. Möglicherweise wird auf das Sonnenzeitalter der vorindustriellen Epoche die neue High-Tech-Variante eines Sonnenzeitalters im 21. Jahrhundert folgen. Die große energiepolitische Aufgabe des Jahrhunderts ist es, die fossilen Energien durch erneuerbare zu ersetzen. Hans Kronberger meint in seinem Buch „Blut und Öl", daß der Umstieg von der zerstörerischen fossilen Verbrennung zum größten und spannendsten Abenteuer werden kann, das der Mensch bewußt miterleben und durch seine Alltagshandlungen beeinflussen kann.

Er spricht sogar von der *„solaren Revolution, die den Wohlstand dauerhaft absichern und auch auf jene Teile der Weltbevölkerung ausdehnen könne, die bisher daran nicht teilnehmen konnte"*. Er ist überzeugt, daß die solaren Energieformen in der Lage seien, der Menschheit eine neue Dimension der Lebensqualität zu vermitteln.

Alle Indikatoren geben überdeutliche Signale in Richtung eines weiter galoppierend anwachsenden Energieverbrauches.

Bis zum Jahre 2050 wird eine Zunahme es Bruttosozialproduktes in den Industrieländern um 50 Prozent vorausgesagt. Die Erde soll zu diesem Zeitpunkt acht bis zehn Milliarden Einwohner haben. Gleichzeitig fordern aber die Klimaforscher die Halbierung der globalen Treibhausemissionen. Allein diese Fakten zeigen, wie unglaublich wichtig es ist, die energiepolitische Wende, unter Einsatz aller geistigen und materiellen Kräfte, in Angriff zu nehmen.

Solare Strahlungsenergie, Meereswellen und Gezeiten, Wind, geothermische Energie und Bio-Rohstoffe bieten ein enormes technisches Potential. Natürlich können diese Quellen nur zu einem kleinen Bruchteil genutzt werden. Das technisch umsetzbare Potential an erneuerbaren Energien dürfte um ein Vielfaches höher sein, als der gegenwärtige Weltenergieverbrauch. Die neuen Technologien müssen nicht erst erfunden werden, sie sind bereits weitgehend erforscht. Noch ist der Anteil der erneuerbaren Energien am Gesamtenergieverbrauch in den Industriestaaten allerdings recht unerheblich. Aber die Europäische Union hat sich ehrgeizig Ziele gesetzt und will diesen Anteil innerhalb einiger Jahre auf zwölf Prozent bringen. In einigen Bereichen bewähren sich die neuen Technologien auch in der alltäglichen Anwendung bereits recht gut. Solarthermische Anlagen zur Heizung und Warmwasserbereitung, ebenso wie Wasser- und Biomassekraftwerke oder Windräder sind vielerorts in Betrieb. Energiesparende Bauweisen von Privathäusern und Hotels sind ein kaufentscheidendes Kriterium für die Kunden geworden.

Die Wohlfühlgesellschaft, die aus Umweltgründen für ein schrittweises Abgehen von der fossilen Energie ist und mit der Kernenergie, aufgrund der mit ihr verbundenen Gefahren, wenig anfangen kann, bekennt sich zur Förderung der alternativen Energieformen. Diesem Thema muß zur Erhaltung der Lebensqualität auch zukünftiger Generationen höchste Bedeutung beigemessen werden. Wir können das Denken und Entscheiden in dieser lebenswichtigen Frage nicht kritiklos rein gewinnorientierten Wirtschaftsbossen oder von diesen beeinflußbaren Politikern überlassen.

Viel zu wenig wird das Energieproblem in seiner gesamten Tragweite und mit Berücksichtigung seiner Auswirkungen auf das Leben aller Menschen in den Schulen behandelt. Ein großes Maß an Bewußtseinbildung ist notwendig, um jenen Druck zu erzeugen, der den nachhaltig denkenden Menschen mit ihren Vorstellungen zum Durchbruch verhilft.

Der Mensch braucht Wildnis

Das Umweltbewußtsein vieler Menschen endet am eigenen Gartenzaun. Wie bescheiden ist doch der Informationsstand über die Ausrottung von Tier- und Pflanzenarten, die in rasender Geschwindigkeit vor sich geht. Mehr als die Hälfte der Wälder und mit ihnen mehr als 50 Prozent der Artenvielfalt wurden in einem Zeitraum, der der Lebensspanne eines Menschen entspricht, vernichtet. In den vergangenen hundert Jahren gingen die Hälfte aller Feuchtgebiete verloren und etwa 20 Prozent aller Süßwasserfische sind verschwunden oder vom Aussterben bedroht.

Es scheint, daß die Menschheit dieser dramatischen Entwicklung desinteressiert oder zumindest durch einen Schutzmantel der Unwissenheit abgeschirmt gegenübersteht. Viele Pflanzen und Tierarten werden für immer von der Erde verschwunden sein, bevor sie überhaupt je von einem Menschen wahrgenommen wurden.

Der Reichtum an verschiedenen Pflanzen- und Tierarten in den zentraleuropäischen Wäldern mutet im Vergleich zu jenem in den tropischen Regenwäldern geradezu bescheiden an. So wurden auf einem einzigen Hektar Regenwald im Amazonas über 500 verschiedene Baum- und Lianenarten gezählt. Häufig treffen extreme menschliche Armut und außerordentlicher Reichtum der Natur aufeinander. Das Ergebnis dieser Konstellation ist es, daß gerade in den sensibelsten Regionen besonders drastische Wunden in die Natur geschlagen werden.

Den intensivsten Artenreichtum findet man in 25 Gebieten, die von Madagaskar über die Küstenwälder im Osten Afrikas, die Philippinen und die tropischen Anden bis zu den Sunda Inseln reichen. Obwohl es sich nur um 1,4 Prozent der Landfläche handelt, existieren dort 44 Prozent aller bekannten Arten von Gefäßpflanzen und 35 Prozent aller Wirbeltierarten. Diese Gebiete müßten unter absoluten Naturschutz gestellt werden, um dem fortschreitenden Artensterben Einhalt zu gebieten. Nur 20 Millionen Dollar jährlich müßten in diese Areale investiert werden, um einen Großteil der Arten, die dort noch existieren, für die Zukunft abzusichern. Bis heute sind leider erst 38 Prozent davon als Naturparks ausgewiesen.

In vielen Teilen der Erde prallen die Interessen des Naturschutzes und menschlicher Existenzzwänge aufeinander. So ist es auch eine besorgniserregende Tatsache, daß gerade in einigen jener 25 Erdregionen, die über die größte Artenvielfalt verfügen, auch das Bevölkerungswachstum weit über dem Durchschnitt liegt. Aus diesem Grunde haben gerade auch dort in den letzten Jahren sowohl der Raubbau an den Wäldern als auch die Verstädterung dramatisch zugenommen.

Das Wort „Umweltbewußtsein" wird in unserer heutigen Gesellschaft häufig in einer sehr engen und nur auf die unmittelbare Umgebung ausgerichteten Weise gebraucht. Es ist freilich schon ein großer Fortschritt, wenn die Menschen in den industrialisierten Ländern größten Wert darauf legen, selbst in einer gepflegten und vielleicht sogar weitgehend intakten Umwelt zu leben. Es ist eben eine Tatsache, daß durch das Bevölkerungswachstum und die wirtschaftliche Entwicklung unberührte Naturräume weitgehend verdrängt wurden. Der Mensch hat sich die Natur für seine Ansprüche gestaltet und bemüht sich, innerhalb seines engeren Lebensraumes mit ihr sorgsam und liebevoll umzugehen.

Wichtig ist es aber für die Wohlfühlgesellschaft, das Bewußtsein dafür zu schaffen, daß die Natur erdumspannend als ein vernetztes, überlebenswichtiges Ganzes zu sehen ist. Wir Menschen müssen uns daher darüber im klaren sein, daß unserer Erde im ersten Jahrhundert dieses Milleniums ein gigantisches Artensterben droht. Das Ausrotten von Tier- und Pflanzenarten geht in rasanter Weise, ja hundertemal schneller vor sich, als dies im gesamten bisherigen Verlauf der Erdgeschichte geschah. Namhafte Experten sind überzeugt davon, daß bis zum Jahre 2100 bis zu zwei Drittel der heute noch auf der Erde lebenden Pflanzen und Tiere bereits verschwunden sein könnten.

Es reicht für den Wohlfühlmenschen nicht, nach der heilen Welt in seiner unmittelbaren Umgebung zu streben und gleichzeitig vor den umweltvernichtenden Entwicklungen in den armen Ländern die Augen zu verschließen. Der Schwund der Biovielfalt darf nicht als unveränderbare Entwicklung hingenommen werden. Bewußtseinsbildung und persönliches Engagement jedes einzelnen sind eine notwendige Voraussetzung, um die notwendigen Rahmenbedingungen zu schaffen, die dieser Entwicklung Einhalt gebieten.

Die Wildnis, die so sehr von der Vernichtung bedroht ist, erfüllt aber die Sehnsucht vieler Menschen. So mancher Wohlstandsmensch und vor allem so mancher Wohlfühlmensch verlangt nach dem Ungezähmten, Erhabenen, nach dem langsam Verschwindenden. Ist die große Nachfrage in den Reisebüros nach Abenteuern und Wildnis nur eine neue Lifestyle-Droge? Vielleicht ist es doch mehr. Vielleicht ist es die Frage nach unserer eigenen Existenz. Braucht der Mensch Wildnis? Und wieviel Wildnis braucht er? Was geschieht mit ihm, wenn das Wilde entgültig verloren geht? Ist Wildnis nur im ursprünglich Unberührten zu finden?

Nur in, von Menschenhand niemals berührter, jungfräulicher Natur?

Der Ökologe Hubert Weinzierl sagt, *„man muß der Natur nur den kleinen Finger geben, dann kommt sie wieder"*. Er fordert *„Schutzgebiete für Märchen und Träume"*. Manch einer mag das als Naturromanik eines Grünen bezeichnen. Der wahre Wohlfühlmensch aber kann sich der Faszination der Wildnis nicht entziehen.

Die Ökopsychologie geht dem Wildnisgefühl, der Beziehung zwischen Mensch und Natur, auf den Grund. Wer den tropischen Regenwald kennt, spürt dort stärker als anderswo, daß die Natur ein funktionierendes Ganzes ist. Die Wildnis erleichtert es, wieder in Beziehung zu den eigenen Gefühlen zu treten. Der Ökologe Aldo Leopold nannte die *„Wildnis* [...] *eine Absage an die Arroganz des Menschen"*. Jene, die meinen, daß die Menschheit auch auf einer biologisch verarmten Erde ein angenehmes Leben führen könnten, erliegen einer Illusion. Es sind gefährliche Pessimisten, die das Ende des Natürlichen nicht nur kommen sehen, sondern auch davon überzeugt sind, damit ganz gut leben zu können. Sie glauben, es sei ein Mythos, daß Menschen ohne Natur nicht existieren können. Sie hoffen auf „Naturersatz" und glauben in einer total künstlichen „Tech-Natur" existieren zu können. Niemand wolle zugunsten der Natur auf Wohlstand verzichten, predigen sie. Entweder man geht mit der Natur zugrunde oder man koppelt sich von ihr ab.

Diese traurige Weltvorstellung steht in totalem Gegensatz zur Wohlfühlphilosophie. Der Wohlfühlmensch sucht in der Wildnis Lebenskraft und er trachtet, in ihr seine Sehnsucht nach dem Wunderbaren zu stillen. Die Menschen sollen sich ihre Freiheit und ihre Gesundheit bewahren – aber auch jene Welt, in der und aus der der menschliche Geist entstanden ist, muß bestehen bleiben.

„Wenn wir uns von der Natur abwenden, haben wir nichts mehr, worauf wir zurückgreifen können." (Thor Heyerdahl)

Die Menschen haben Sehnsucht nach Wildnis. Die Menschen haben Sehnsucht nach Natur. Um diese Sehnsucht stillen zu können, haben sie eine Verpflichtung. Sie müssen Wildnisgebiete einrichten, natürliche Prozesse zulassen und freie natürliche Entwicklungen gewähren. Die Nationalparkidee hat, vor allem auch für den Wohlfühlkontinent Europa, eine außerordentlich fundamentale Bedeutung. Leider besteht gerade innerhalb der Europäischen Union immer noch ein großer Widerspruch zwischen den politischen Lippenbekenntnissen zur Nachhaltigkeit und den tatsächlichen globalen Trends. Professor Bernd Lötsch, einer der bedeutendsten Kämpfer für die Durchsetzung der Nationalparkidee, hat die folgenden treffenden Worte gefunden: *„Waren es in geologischen Zeiträumen Meteoriteneinschläge und Klimastürze – so heißt die Naturkatastrophe heute: Mensch. Im Dritten Weltkrieg – dem des Menschen gegen die Schöpfung – sind Nationalparks Waffenstillstandszonen.“*

Kaum eine Landschaft prägt einen ganzen Erdteil in so vielfältiger und widersprüchlicher Weise, wie die Alpen Europa. Die Alpen sind der Prüfstein des Kontinents für die umweltpolitische Reife seiner Bevölkerung. Der Alpenbogen mit seinen 1.200 Kilometern Länge, einer Breite von 300 Kilometern und über 13 Millionen Einwohnern stellt einen riesigen Raum dar, in dem Staaten mit sehr verschiedenen Philosophien zum Thema „Nachhaltigkeit und Landschaftsschutz“ das Sagen haben. Jeder der Alpenstaaten hat andere Rahmenbedingungen für die wirtschaftliche und landschaftliche Entwicklung seiner Berggebiete gesetzt. Das zentralistisch organisierte Frankreich hat an einer ausgewogenen Berggebietspolitik lange Zeit so gut wie kein Interesse gezeigt. An manchen Orten haben sich richtige touristische Retortenstädte entwickelt, in anderen Gegenden entstanden wirtschaftliche Zentren. Der große Rest des französischen

Alpenraums ist hingegen eine äußerst dünn besiedelte Gegend geblieben.

In Italien war die Entwicklung ähnlich. In den alpinen Randgebieten ist es zu einem dramatischen Bevölkerungsrückgang gekommen, und es gibt zum Teil völlig verlassene Gebiete. Andererseits überziehen Zweitwohnungssiedlungen und riesige Apartmentkomplexe ganze untere Tallagen. Die Südtiroler, die Bevölkerung des Trentino und die Aostataler haben ihre starke kulturelle Identität hingegen erhalten und ihre alpine Kulturlandschaft erfolgreich gepflegt. Auch in Österreich, dem bayerischen Alpenraum und der Schweiz ist die alpine Landschaft noch relativ stark durch landwirtschaftliche Nutzung geprägt. Natürlich wurden durch die stark subventionierte Landwirtschaft auch traditionelle Strukturen zerstört. In der Schweiz sind die überintensive Durchkreuzung mit Straßen, die allgegenwärtige hypertrophe Tourismusinfrastruktur und die überdurchschnittlich dichte Zersiedelung der alpinen Landschaft am weitesten fortgeschritten.

Das zentrale Problem der räumlichen Entwicklung des Alpenraumes ist die Nutzungskonzentration an günstig gelegenen Orten und die Unternutzung oder sogar völlige Nutzungseinstellung der anderen Gebiete. Besonders in Österreich und in der Schweiz, den beiden Ländern mit ausgeprägter Regionalpolitik, führt die zunehmende interregionale Disparität zu einem deutlich feststellbaren Unterschied zwischen Aktiv- und Passivräumen.

Die Erhaltung des Alpenraums als Natur- und Kulturkleinod mit großer ethnischer Vielfalt ist für den Wohlfühlkontinent Europa ein wichtiges Anliegen. Seit Jahrhunderten erfüllt der Alpenraum viele wichtige Funktionen im Rahmen des europäischen Wirtschaftsgefüges und der ökologischen Harmonie des Kontinentes. Er sorgt für Bereitstellung von erneuerbarer Energie und Trinkwasser und bietet jährlich über 100 Millionen Menschen ideale Erholung. Der Alpenraum trägt zur Stabilisierung des Klimas bei und verfügt mit seinem Reichtum an Landschaftsformen, Pflanzen und Tierarten sowie reicher Trinkwasserspeichern über die wahrscheinlich wichtigsten Ökoreserven des Kontinents. Wenn wir von einer nachhaltigen europäischen Wohlfühlgesellschaft sprechen, müssen wir uns darüber im klaren sein, daß die Sicherung dieser wichtigen Funktionen des Alpenraumes eine europäische Verpflichtung darstellen. Europa muß die Verantwortung für diesen besonderen Lebens-, Natur- und Kulturraum aktiv wahrnehmen. Die Alpen müssen zum Modell eines Europa der Regionen werden, das innerhalb der Europäischen Union beweist, daß es möglich ist, trotz gemeinsamer Grundzüge der Politik auf die wirtschaftlichen, sozialen und ökologischen Besonderheiten einzelner Gegenden Rücksicht zu nehmen. Es geht dabei nicht um Sonderrechte des Alpenraumes gegenüber anderen Regionen. Die Alpen sind aber der geeignete Raum innerhalb Europas, um eine zukünftige nachhaltige Entwicklung, die in ganz Europa Geltung haben soll, zu erproben.

Der Nationalpark Hohe Tauern

Der Nationalpark Hohe Tauern ist mit 180.000 Hektar das größte Naturschutzgebiet in den Alpen. Er liefert international einen der wertvollsten Beiträge zur Erhaltung des Weltnaturerbes. Mit dem Schutz der Vielfalt von Pflanzen und Tieren sowie der traditionellen Kulturformen leistet dieser Nationalpark auch einen unverzichtbaren Beitrag für das effiziente Netz von Schutzgebieten in ganz Europa. Von vielen anderen Nationalparks unterscheidet er sich durch die großflächige Vernetzung unberührter Naturlandschaft mit nachhaltig gepflegter Kulturlandschaft. Er trägt dazu bei, daß die für Europa außergewöhnliche ökologische Vielfalt auf engstem Raum gesichert wird. Die Entstehung und Entwicklung des Nationalparks Hohe Tauern ist deshalb besonders hervorhebenswert, weil dieses Gebiet überwiegend in privatem Grundeigentum steht und mit historisch begründeten Nutzungsrechten verbunden ist. Der enorme Reichtum an natürlichen Ressourcen hatte hohe wirtschaftliche Nutzungsansprüche und auch großtechnische Erschließungspläne begründet, die erst abgewehrt werden mußten. Diese tief in die Natur einschneidenden Entwicklungspläne sind durch die Errichtung des Nationalparks Hohe Tauern für alle Zukunft ausgeschlossen. Man kann, wenn man den langen und schwierigen Werdegang des Nationalparks Hohe Tauern betrachtet, von einem echten Musterbeispiel in der europäischen Naturschutzgeschichte sprechen. Privatdozent Dr. Eckhart Jedicke von der Universität Karlsruhe meint, daß es im Naturschutz gar nicht um die Entscheidung zwischen Wildnis oder Kulturlandschaft, sondern um Wildnis als notwendige Ergänzung des Schutzes von Kulturlandschaften gehe. Gerade im Nationalpark Hohe Tauern wird dieses Anliegen in großem Maße verwirklicht.

Das primäre Ziel aller Nationalparks – und das trifft wohl auch auf den Nationalpark Hohe Tauern zu – ist, Wildnis zu erhalten. Trotzdem ist es klar, daß dort, wo historische und traditionelle Agrar- und gewerbliche Nutzungen mit dem Bestreben, jeden geringsten Eingriff zu unterlassen, konkurrieren, ein täglich neuer Begründungszwang gegeben ist. Nationalparkverwaltungen müssen sich daher auch ständig den Forschungen zum Thema Wildnis widmen.

Auch Bergsteigen ist eine Form der Auseinandersetzung mit Wildnis. Jede Form von Wildnis als Gegenstück zur Zivilisation übt auf Menschen eine besondere Anziehungskraft aus. Das physische Bezwingen der durch die Wildnis gegebenen Hindernisse erfüllt Menschen mit Freude. In diesem Sinne besteht eine enge Verbindung zwischen Klettern im Gebirge, Wildnis und Wohlfühlen.

Der Nationalpark ist für den tierliebenden Menschen eine Stätte großer innerer Befriedigung. Er weiß, daß dort die Jagd nur unter strengen gesetzlichen Auflagen betrieben werden darf. Dr. H. Wölfl von der Universität Göttingen meinte dazu in einem Vortrag: *„Es ist schon traurig, daß wir Safariausflüge in anderen Kontinenten buchen müssen, um Wildtiere in Freiheit erleben zu können, und unsere heimische Fauna weitgehend nur ‚hinter Schloß und Riegel' kennenlernen. Die Gründe dafür sind hausgemacht und egoistisch, nicht aber verhaltensbiologischer Natur. In unseren Köpfen fehlt weitgehend eine Wildnisbereitschaft. Ich setze auf die Jugend mit geänderter Grundausbildung und bin zuversichtlich.“*

Mit der Schaffung des Nationalparks Hohe Tauern und der Begeisterung, mit der sich junge Menschen für dessen Entstehung eingesetzt haben, scheint der Optimismus von Dr. Wölfl gerechtfertigt zu sein.

Tiere sind mehr als lebende Fleischkonserven

„Mitleid mit Tieren hängt mit der Güte des Charakters so genau zusammen, daß man zuversichtlich behaupten darf, wer gegen Tiere grausam ist könnte kein guter Mensch sein.“ Diese Worte stammen von dem Philosophen Arthur Schopenhauer. Diese Gedanken entsprechen der Wohlfühlphilosophie, die das Tier als leidens- und liebensfähiges Mitgeschöpf betrachtet. Die egomanische Wohlstandsgesellschaft sieht das Tier, ähnlich wie die alten Römer, als Sache. Zur Zeit der Römer bedeutete diese Einstufung für Tiere zwar eine Aufwertung, denn das Tier stand damals auf gleicher Stufe wie Frauen, Kinder und Sklaven. In der heutigen Egogesellschaft werden Haustiere als Modeartikel, als Wegwerfprodukte betrachtet. Jährlich lassen beispielsweise die Franzosen Zehntausende von Hunden, für die sie in den Ferien keine Verwendung mehr haben, am Weg in das Urlaubsziel am Rand der Autobahn aus. Geltungssüchtige Damen und Herren kaufen sich teure, überzüchtete Hunde, die sie zu einem Teil ihres Wohl-

stands- oder Machoimage machen wollen. Die „Tierliebe" dieser Menschen ist nur Eitelkeit und Eigenliebe.

Dieses äußere Erscheinungsbild der gleichgültigen Haltung dem Mitgeschöpf Tier gegenüber ist Ausdruck einer übermäßig ichbezogenen und gefühlskalten Gesellschaft. Das wahre Problem im Umgang mit Tieren liegt aber in der vom Gesetzgeber stillschweigend legitimierten Grausamkeit der Massentierhaltung. Zum Glück werden all die „vernünftigen Gründe", die Massentierquälerei legitimieren sollen und die von öffentlicher Seite vorgebracht werden, von der Mehrheit der Bevölkerung nicht akzeptiert. Das natürliche Volksempfinden hat für die unnötigen grausamen Tiertransporte, für Pelztierzucht, für Hühnerhaltung in Batterien, für die unzähligen schmerzhaften Tierversuche seitens der Kosmetikindustrie kaum Verständnis.

In der Wohlfühlgesellschaft wird, was die Welt allerdings nicht erst seit Konrad Lorenz weiß, endgültig Anerkennung finden, daß zumindest höher entwickelte Tiere Streß und Schmerz empfinden und zum Leiden fähig sind, durchaus ähnlich uns Menschen. Die Tiere müssen ihren Status als fühlende Lebewesen wieder zurückgewinnen. Doktor Michael Martys, der Direktor des Alpenzoos Innsbruck, fürchtet, daß die Tatsache, daß Tiere lediglich *„verwertet oder vielseitig benutzt würden, nichts anderes als der Ausdruck einer Beziehungskrise zwischen Mensch und Mitgeschöpf Tier"* sei. Er führt aus, daß diese Beziehungskrise durch Industrialisierung, Fortschrittsglaube und Wissenschaftshörigkeit, die immer deutlicher zu einer Lebenskrise, ja zu einer Überlebensfrage wird, entstanden sei. Das deutsche Tierschutzgesetz verbietet das *„Töten eines Tieres ohne vernünftigen Grund"*. Das ist eine äußerst fragwürdige Formulierung, denn was ist schon ein vernünftiger Grund? Das legitimierte „Töten auf Jagdschein" stößt jedenfalls bei vielen Tierfreunden auf Unverständnis.

Michael Martys stellt sehr treffend fest, daß *„anders als etwa bei der ‚Schnitzeljagd', die, zwecks Ernährung der Mensch-*

heit, das ‚Schlachtopfer' rechtfertigt, sich die Jagd auf Wildtiere, heute mehr denn je, ‚tierschutzethischen Betrachtungen stellen'" müsse.

Die Notwendigkeit des Tötens aus Gründen der Notwehr oder des Überlebenszwanges ist in der Natur verankert. Es ist aber dem Menschen vorbehalten geblieben, sich auf das Töten zum Vergnügen zu spezialisieren. Daß der Mensch sich durch seine potentielle Vernunftfähigkeit, durch seine von Instinkten unabhängige Entscheidungsfähigkeit und durch die Dimension seines Bewußtseins von anderen Lebewesen unterscheidet, macht für ihn das volle Verantwortungsbewußtsein dem Leiden aller Lebewesen gegenüber zu seiner moralischen Verpflichtung. Die heutige Gesellschaft ist in diesem Fragenkomplex von einer Wohlfühlgesellschaft, die alle Lebewesen einschließt, weiter entfernt denn je. Sie hat massenhaftes Tierquälen und systematische Entwürdigung und Versachlichung von Tieren zum Instrument der globalisierten Lebensmittelindustrie gemacht. Der Bedarf an Reform und die Notwendigkeit, in der Frage des Umganges mit Tieren umzudenken und umzufühlen, ist enorm groß.

Beim Umgang der Menschheit mit ihren Mitgeschöpfen muß man zwischen den Wildtieren unterscheiden und jenen, die der Mensch im Laufe der Zeit genetisch verändert und zu Haustieren domestiziert hat. Wildtiere sind dabei ein wichtiger Bestandteil der intakten Natur, und es ist eindeutig dem Menschen zuzuschreiben, daß der Wildtierreichtum nachhaltig dezimiert wird.

Während die Indianer Nordamerikas nur so viele Büffel erlegt haben wie sie zu ihrer Ernährung benötigten, metzelten die weißen Einwanderer die Büffelherden nieder, um der Urbevölkerung die Ernährungsbasis zu rauben. Das heutige globale Artensterben wird zwar durch gedankenloses menschliches Handeln verursacht, aber zumindest nicht bewußt betrieben – mit Ausnahmen: Die Grizzlybären Nordamerikas sind ein typisches Beispiel für den Umgang des

Egomenschen mit seinem neurotischen Jagdtrieb. Die Zahl der nordamerikanischen Grizzlys hat in der besten Zeit über hunderttausend betragen. Man fand sie von Alaska bis Mexiko. In Kalifornien, dem „Golden Bear State“, wo einst Zehntausende Grizzlybären lebten, wurden die letzten um 1920 ausgerottet. In den USA ist der Lebensbereich der Grizzlys inzwischen auf ein Prozent der ursprünglichen Fläche geschrumpft. Den idealen Lebensraum, abgesehen von Alaska, stellt dabei für die Grizzlybären Britisch-Kolumbien, die westlichste Provinz von Kanada, dar. Mangelhafte Gesetze und verantwortungslose Politiker und Behörden setzen diese Tiere einer systematischen Dezimierung aus, und wenn die Tierschützer nicht bald Recht bekommen, werden die Grizzlys für immer aus den Wäldern des kanadischen Westens verschwunden sein.

Von allen nordamerikanischen Säugetieren haben Grizzlybären die niedrigste Fortpflanzungsquote. Die Bärinnen bringen in der Überwinterungsperiode kleine, blinde, leicht verletzbare Junge zur Welt, deren Sterberate besonders hoch ist. Grizzlybären haben den Ruf, sehr aggressiv zu sein und Menschen grundlos anzugreifen. Diese Behauptung ist falsch und ermöglicht es sogenannten Sportjägern, sich als Helden fühlen zu können. In Wahrheit werden die Tiere oft aus viel zu weiter Entfernung angeschosen und erst viele Kilometer weit entfernt tot aufgefunden.

Die Regierung von Britisch-Kolumbien gibt die Abschußlizenzen aufgrund falscher Schätzungen aus. Die Bären sind aber auch als Folge der systematischen Rodung der Regenwälder ständig auf dem Rückzug. Britisch-Kolumbien verfügt über die ausgedehntesten Regenwälder im gemäßigten Klima, und gerade diese stellen den idealen Lebensraum für die Grizzlybären dar. Die Bären sind daher immer mehr dazu gezwungen, nur an bestimmten Plätzen auf Nahrungssuche zu gehen, wo sie leicht abgeschossen werden können. Der Grizzlybär kann somit als eine Art Symbol für intakte

Natur, ja für heile Welt gelten. Er ist aufgrund seiner Kraft und „Prominenz" zu einer Art Stellvertreter für viele andere bedrohte Wildtierarten geworden.

Die Haustiere sind unserem Einfluß noch viel unmittelbarer und völlig schutzlos ausgeliefert. Doktor Michael Martys nennt die Domestikation der Wildtiere das größte Experiment in der Geschichte der Biologie. Dieses Experiment ist auch noch nicht beendet, denn es werden laufend neue Wege der Wildtierhaltung im Hausstand beschritten. Man denke nur an die Straußenhaltung oder an die vielen Damwildgatter zum Zwecke der Wildfleischproduktion. Durch die Gentechnologie werden bestehende Haustierrassen verändert und neue Wesen, die vorsichtshalber noch als „Sorten" bezeichnet werden, geschaffen.

Wir unterscheiden daher folgerichtig auch zwischen Haustieren, Nutztieren und Heimtieren. Seit jeher haben wir das Tier zur Gewinnung von Nahrungsmitteln oder aber als Arbeitskraft gezüchtet und benutzt. Wir haben unsere Technik längst so weit entwickelt, daß wir die Tiere ausrotten, gentechnisch verändern, klonen, zusammenpferchen und transportieren können, wie es uns beliebt. Wir sind der uneingeschränkte Herr über die Tiere und bewirken gnadenlos millionenfaches Leid. Oder ist es ein Zeichen unbewußter Notwehr, wenn vegetarisch lebende Tierarten, die zum Kannibalismus gezwungen wurden, durch die Entwicklung von auf den Menschen übertragbaren rätselhaften Krankheiten „zurückschlagen"? Die Menschheit in ihrer Gewinnsucht, in ihrer Habgier und Freßsucht ist beim Umgang mit Tieren auf schreckliche Abwege geraten. Von der *„Ehrfurcht vor dem Leben"*, die Albert Schweitzer in seiner universalen Sicht der tierischen Lebensberechtigung hervorhebt, ist in der Egogesellschaft wenig zu spüren.

„Mein idealer Lebenszweck ist Borstenvieh, ist Schweinespeck." Dieses Lied aus der Strauß-Operette „Der Zigeunerbaron" könnte, wenn man sich so die Wohlstandsgesellschaft

ansieht, eine Art Leithymne für unsere Ernährungsgepflogenheiten sein. Unter allen Haustieren ist es wohl das Schwein, das vom Menschen am meisten mißhandelt und gedemütigt wurde und wird. Der großartige Film „Ein Schweinchen namens Babe" war vielleicht ein vergeblicher Versuch, sich bei dieser Tierart zu entschuldigen. Der Spruch von Horst Stern *„Erst der Mensch hat das Schwein zur Sau gemacht"* hat eine vielfache Symbolik. Nicht umsonst gibt es bei der Beschimpfung der Menschen die Steigerungsmöglichkeiten vom Schwein über die Sau bis zur Drecksau.

Was haben wir mit dem Schwein gemacht? Im Laufe der Zeit haben alte Hausschweinerassen ihre Bedeutung verloren und mußten einem hochgezüchteten Einheitstyp weichen. Das Schwein wurde zur lebenden Fleischkonserve niedergezüchtet. Allein die Tatsache, daß das Gewicht des Gehirnes beim Hausschwein gegenüber jenem des Wildschweins um etwa ein Drittel verringert wurde, hat starke Aussagekraft. Trotzdem sind bei den domestizierten Formen keine neuen Verhaltensweisen aufgetreten. Werden solche Tiere in Freigehegen gehalten, kommen pathologische Erscheinungen überhaupt nicht vor. Nur in der Praxis der unnatürlichen Haltungsbedingungen kommt es auch zu Erscheinungen wie dem Anfressen von Artgenossen an Ohren und Schwänzen.

Unter dem Druck der Produktivität ist in der Landwirtschaft vielfach die Qualität der tierischen Produkte zugunsten deren Quantität aufgegeben worden. Hier spielt der alpine Raum mit seiner kleinstrukturierten Landwirtschaft eine hervorragende Ausnahmerolle im Sinne der Erhaltung lebenden Kulturgutes. Die hier bodenständigen Nutztierrassen sind durch das Steilgelände und die kargen Böden zur Entwicklung von Streß und Krankheitsresistenz gezwungen. Sie sind für diese Lebensbedingungen gezüchtet worden und spiegeln die bäuerliche Kulturlandschaft des Gebirges als Teil von ihr wider.

Costa Rica ist in vielfacher Hinsicht ein Sonderfall. Mitten im mittelamerikanischen Unruheherd wirkt das kleine Land wie eine Oase des Friedens: Es hat 1949 die Armee abgeschafft. Die enormen Aufwendungen, die es früher für das Heer aufbringen mußte, hat die kleine Demokratie in sein Erziehungssystem, in die sozialen Dienste und insgesamt in das Anheben des Lebensstandards seiner Bevölkerung investiert. Es ist wenig bekannt, daß der frühere Präsident des Landes, Oscar Arrias, 1987 den Friedensnobelpreis für seine Bemühungen, den Frieden nach Mittelamerika zu bringen, erhalten hat.

Eine bedeutende Pionierrolle innerhalb der Staatengemeinschaft nimmt Costa Rica in der Frage des Naturschutzes ein. Dieses Land hat innerhalb der letzten 25 Jahre ein außerordentliches Netzwerk an Nationalparks und Naturreservaten geschaffen. Insgesamt umfassen die Schutzgebiete mehr als 15 Prozent seines gesamten Territoriums. Das Gebiet wird jährlich durch weitere Schutzzonen ergänzt. Das ist um so bemerkenswerter, als das kleine Land durch die Rodung der Regenwälder zusätzliche landwirtschaftliche Anbauflächen gewinnen könnte. Costa Rica verfügt heute weltweit über den höchsten Anteil von Nationalparks an der Gesamtfläche.

Das Nationalparksystem von Costa Rica wurde Ende der 1960iger Jahre gegründet, zu einer Zeit, als die Naturschutzbewegung weltweit noch in ihren Kinderschuhen steckte. Das Land hatte damals eine der höchsten Bevölkerungswachstumsraten. In den Jahren nach dem zweiten Weltkrieg wurde innerhalb relativ kurzer Zeit die Hälfte des tropischen Regenwaldes von Costa Rica gerodet. Eine Handvoll vorausdenkender Costaricaner hat allerdings zeitgerecht erkannt, daß diese rasante Abholzung dazu führen könnte, daß sich der Großteil der tropischen Regenwälder in eine erosionsgefährdete

Kuhweide verwandeln könnte. Es wurde der Beschluß gefaßt, möglichst große Teile des Regenwaldes unter Naturschutz zu stellen, um sie vor den Motorsägen zu schützen. So entstand eine Arbeitsgemeinschaft von Biologen, Landbesitzern, Regierungsbeamten und Naturschützern.

Das Nationalparksystem von Costa Rica unterschied sich von Anfang an in manchen Fragen von jenem in den Vereinigten Staaten und anderen Ländern. Das Hauptziel der Maßnahme war der Schutz von Pflanzen und Tieren und damit die Erhaltung der Arten. Erst in zweiter Linie stand die Nutzung der Nationalparks durch Menschen. Viele dieser Parks sind daher heute schwer zugänglich und abgelegen und nicht mit Campingplätzen und Besucherzentren oder Pfaden erschlossen. Dessen ungeachtet ist der sogenannte Ökotourismus heute bereits die größte Deviseneinnahmequelle des Landes und hat die Einnahmen aus dem Tabak- und Bananenexport überholt. Die Art und Weise, wie der tropische Regenwald unter größtmöglicher Rücksichtnahme auf den Naturschutz dennoch teilweise für Touristen erschlossen wurde, ist zweifelsohne beispielgebend. Costa Rica hat durch die Verwirklichung des Nationalparkgedankens auf seinem Territorium weltweit Standards gesetzt, die Beachtung verdienen. Die Regierung hat den Naturschutz zum Schlüssel ihrer Wirtschaftsstrategie erklärt und gibt dadurch all jenen, die an die Erhaltung zumindest eines Teiles der ursprünglichen Formen unserer Natur glauben, Hoffnung.

Das kulturelle Erbe, ein Geschenk aus der Vergangenheit

„Die Menschen kamen von weit her, um hier Wasser zu holen. Früher war dieser Brunnen eine Lebensquelle und heute ist er ein Monument, das die Aufmerksamkeit der Passanten erweckt."
(Soumia Kasmaoui, 11 Jahre)

„Dieses historische Monument wurde durch marokkanische Hände errichtet. Heute besteht die Gefahr, daß es durch die Nachlässigkeit der Menschen verschwindet.“ (Mouhsine Boujida, 11 Jahre)

„In einem der ältesten Teile von Marrakesch gelegen, erzählt uns der Brunnen Sherb ou Chouf die Geschichte unserer Vorfahren und entschleiert uns die Arbeiten unserer Künstler.“ (Dabiyat, 12 Jahre)

Es handelt sich um Worte von Schülern der Ben Youssuf-Schule in Marrakesch. Diese Kinder haben sich mit dem Sanierungsprojekt, das sich die Aufgabe gestellt hat, diesen schönen, aber in seiner Substanz stark angegriffenen Brunnen im Herzen der Medina von Marrakesch, zu revitalisieren, auseinandergesetzt. Die Worte der Kinder beleuchten eindringlich, wie wichtig es ist, gerade die Jugend mit der Notwendigkeit, das kulturelle Erbe zu erhalten, vertraut zu machen. Die Initiative zur Erhaltung wichtiger Monumente, die Zeugen des Wirkens unserer Vorfahren sind, darf nicht nur „von oben“ kommen, das Interesse daran muß auch in den Herzen der Kinder verankert werden. Sie sollen den Wunsch in sich tragen, die Zeugen des Entstehens unserer Kultur nicht verschwinden zu lassen.

Tief im Herzen der mittelalterlichen Medina von Marrakesch gelegen, spendet der Sherb ou Chouf seit Jahrhunderten den Menschen der Umgebung, getreu seinem Motto „Trinke und besinne dich“, klares Wasser, das vom Atlasgebirge heruntergeleitet wird. Dieses wunderbare, detailreiche Monument, an einem Handelsweg aus dem 11. Jahrhundert gelegen, ist eines der bedeutendsten architektonischen Wahrzeichen im alten Zentrum von Marrakesch. Es ist nach wie vor eingebettet in den pulsierenden Alltag, in das Leben und Treiben der Menschen.

Im Rahmen dieses Projekts der von Francesca Habsburg gegründeten ARCH-Foundation, wurde die Einbindung der örtlichen Bevölkerung in die Pflege und Erhaltung ihres eigenen kulturellen Erbes zu einem wesentlichen Schwerpunkt gemacht. Natürlich basiert die Arbeit auf wissenschaftlicher Forschung, technologischem Fachwissen und entspricht den internationalen Richtlinien, aber die Betreiber sind überzeugt davon, daß ohne emotionale Mitwirkung der Bewohner kein vollwertiger Erfolg zu erwarten ist. Die Pläne für die Restaurierung und für die vorbeugenden Maßnahmen nehmen Bedacht auf die ursprünglich verwendeten Ausgangsmaterialien und auf die zeitbedingten materiellen Veränderungen, die inzwischen längst zu festen Bestandteilen der heutigen Erscheinungsform des Brunnens und auch seiner Funktion geworden sind. Ein wichtiger Teil des Gesamtprojektes ist darüber hinaus eine von der Universität Marrakesch durchgeführte Erhebung über die Frage der Einstellung der Bevölkerung zur Erhaltung ihrer Kulturdenkmäler. Das Ergebnis dieser Arbeit dient als Grundlage für eine gezielte Aktion, die das Interesse und die Bereitschaft zur Mitwirkung der Bewohner an der Erhaltung des Kulturerbes in der Medina wecken und festigen möchte. Das für dieses Projekt zusammengestellte Team stützt sich hauptsächlich auf einheimische Architekten, Handwerker, Kunsthistoriker, Wirtschaftswissenschaftler und Kommunikationsexperten, aber natürlich auch auf externe Spezialisten, vor allem auf dem Gebiet der Holzkonservierung.

„Der Schlüssel zur Erhaltung historischer Stätten liegt im Bewußtsein der örtlichen Bevölkerung und in ihrem Stolz auf ihr kulturelles Erbe", meint Francesca Habsburg, eine unermüdliche und kreative Aktivistin, der es ein großes Anliegen ist, die Jugend in ihre Projekte einzubeziehen.

Der Sherb ou Chouf-Brunnen ist einer von vielen architektonischen Schätzen, die die Medina von Marrakesch beherbergt. Die ARCH-Foundation hat noch acht weitere Kleinprojekte in der Medina gefunden, der sie ihre Aufmerksamkeit schenken möchte. All diese erlesenen architektonischen Sehenswürdigkeiten sind Zeugen der Geschichte einer Stadt, über die sich die Reichtümer eines großen Imperiums ergossen haben und die durch den Handel zu besonderer Blüte kam. Seit Marrakesch vor fast tausend Jahren als Hauptstadt eines Großreiches, das sich vom westafrikanischen Senegal bis zum nordspanischen Zaragoza erstreckte, gegründet wurde, hat es Händler aus dem Atlasgebirge und den umliegenden Ebenen ebenso wie Stammesangehörige aus dem Süden und Berber aus den Dörfern der Umgebung magisch angezogen.

Der massive Bevölkerungszuwachs, die Umweltverschmutzung, die infrastrukturellen Veränderungen, aber auch der Zahn der Zeit haben der Medina arg zugesetzt. In den letzten Jahrzehnten bedingte die urbane Entwicklung eine immer stärkere Zuwanderung in das mittelalterliche Stadtzentrum, das sich innerhalb der alten Wehranlagen befindet. Der vorhandene Raum ist naturgemäß sehr beschränkt, und die schmalen Gäßchen sind einfach nicht dafür geschaffen, den Erschütterungen, der Verschmutzung und all den Belastungen durch den immer stärker werdenden Straßenverkehr standzuhalten. Die Medina platzt heute buchstäblich aus ihren Nähten. Zahlreiche architektonische Kostbarkeiten sind akut vom Verfall bedroht, und viele wertvolle Gebäude befinden sich in einem beklagenswerten Zustand.

Wenn nicht, wie die ARCH-Foundation es eingeleitet hat, raschest große Anstrengungen zur Erhaltung dieses unersetzlichen Kulturgutes unternommen werden, dann drohen die ständigen Belastungen des modernen Lebens diesen mittelalterlichen Schatz Marokkos für immer zu zerstören. Obwohl die UNESCO die Medina 1985 zum Weltkulturerbe erklärt hat, ist bisher viel zu wenig zu ihrer Erhaltung unternommen worden. Die einzige Chance, die Medina von Marrakesch und ähnliche bedrohte Kulturgüter in anderen Teilen der Welt zu retten, besteht darin, gerade jene Menschen, deren Heimat sie ist, mit dem nötigen Wissen und den erforderlichen Fähigkeiten auszustatten, damit sie nicht unbewußt zum weiteren Verfall der Stadt, in der sie leben, beitragen.

Die Wohlfühlgesellschaft will die Zukunft gestalten. Die logische Ergänzung dazu ist der Wunsch und Wille, das kulturelle Erbe, das ein Teil unserer eigenen Existenz ist, zu erhalten. Es ist eine tragische Tatsache, daß im vergangenen Jahrhundert ein größerer Anteil des kulturellen Erbes der Welt zerstört worden ist als in der gesamten Menschheitsgeschichte davor. Die Vernichtung von Kulturdenkmälern waren nicht immer Akte vorsätzlicher Gewalt, es handelte sich genauso oft um Desinteresse und Nachlässigkeit. Es ist freilich die Aufgabe öffentlicher Stellen, von den Staatsregierungen bis zu den Gemeinden, im Rahmen ihrer kulturpolitischen Aktivitäten für Erhaltung und Restaurierung wertvoller historischer Bauten zu sorgen. Nur das persönliche Engagement von verantwortungsbewußten Aktivisten führt aber dazu, daß auch kulturelle Kleinode, die nicht unbedingt im Rampenlicht stehen, der Nachwelt erhalten bleiben können.

Als beispielgebend soll hier die ARCH-Foundation, die ihren Sitz in Salzburg hat, hervorgehoben werden. Sie füllt ihre Mission im wesentlichen durch zwei Arten von Initiativen aus: Konservierungsprojekte und Programme der öffentlichen Bewußtseinsbildung. Francesca Habsburg wehrt sich mit ihrer Initiative gegen die Zerstörung des Kulturerbes, sei es aus Unwissenheit, Gleichgültigkeit, Mutwilligkeit oder Gier. Es geht um unser Vermächtnis, das wir als Geschenk aus der Vergangenheit in die Zukunft weiterreichen. Die Wurzeln, die unsere Generationen verbinden, dürfen wir nicht abreißen lassen. Wir müssen unsere Geschichte in der Gegenwart lebendig erhalten, denn auch das ist eine wichtige Grundlage für unseren Weg in die Zukunft.

Die Geschichte von Sherb ou Chouf ist nur ein Beispiel. Ein gutes Beispiel, weil die heimische Jugend eingebunden ist und weil nicht nur kulturelles Material erhalten, sondern auch Bewußtsein geschaffen wird. Auch das Königshaus steht dem Vorhaben wohlwollend gegenüber. Vielleicht könnte man zu der Meinung gelangen, daß für das Königshaus von Marokko das Erschaffen neuen kulturellen Erbes für zukünftige Generationen Priorität genieße. Wer die Moschee Hassan II. in Casablanca, das höchste sakrale Bauwerk der Welt, gesehen hat, weiß, daß hier ein kulturelles Monument unserer Zeit steht, das viele Jahrhunderte überdauern wird. Man könnte meinen, daß Dimensionen und Kosten für dieses Denkmal islamischer Machtentfaltung Bemühungen, wie jene der ARCH-Foundation, bescheiden erscheinen lasse. Wahr ist aber das Gegenteil. Die Gestaltung machtvoller Sakralbauten und steingewordener Zeitzeugen für eine lange Zukunft wird eine enorme historische Bedeutung für den Rückblick vieler Generationen auf unsere Zeit haben – ganz abgesehen von der religiösen und politischen Bedeutung dieses Gebäudes für die Gegenwart.

Auf den Bau der Moschee Hassan II. konzentrierte sich alle schöpferische Energie Marokkos von 1987 bis 1993. Das Minarett ist mit 200 Meter höher als die Cheopspyramide und die Türme aller Kathedralen des Abendlandes. Die Errichtung dieses „Leuchtturms des Islam", dessen blauer Laserstrahl Richtung Mekka weist, soll Schätzungen zufolge eine Milliarde Mark gekostet haben. Finanzielle Beiträge haben 13 Millionen Marokkaner geleistet. Für das Minarett wurde ein eigener Beton entwickelt, der neunmal fester als das Material des Eurotunnels ist. Im zwei Hektar großen Innenraum ist Platz für 25.000 Menschen. 30.000 Steinmetze, Maler, Holzschnitzer, Stukkateure und Maurer haben fünf Jahre lang an diesem islamischen Heiligtum gearbeitet. Bei solcher architektonischer auf Gegenwart und Zukunft bezogener Machtentfaltung wird geringerer Ehrgeiz für die Erhaltung des Alten aufgebracht. Die ARCH-Foundation erfüllt gerade in einem Staat wie Marokko, wo sich Geschichte und Zukunft die Hand reichen, eine wichtige Funktion.

Für die Arbeit, die die ARCH-Foundation in Dubrovnik durchgeführt hat, wurde ihr 1996 der Montblanc-Kulturpreis verliehen.

Im Sommer 1991 bombardierte die serbische Armee mehrere Monate hindurch Dubrovnik. Es ist eine unfaßbare Tatsache, daß die Serben besonders die wichtigsten Kulturdenkmäler dieser wunderbaren Stadt als Ziele ihrer Angriffe wählten. Es handelt sich dabei wohl um einen der grausamsten Akte gezielter, brutalster Kulturvernichtung des gesamten Jahrhunderts. Die Kulturzerstörung in Kroatien und Bosnien-Herzegowina wird auf zwischen 60 und 80 Prozent geschätzt.

Die ARCH-Foundation hat es sich zur Aufgabe gemacht, zur Wiederherstellung der zerstörten Kulturschätze von Dubrovnik beizutragen. Die Kunstwerke sollen in jenen Zustand zurückversetzt werden, der sie wieder zum lebenden und vollwertigen Bestandteil der so wichtigen religiösen Tradition dieser Stadt macht.

Das Schicksal von Dubrovnik hat die Welt erschüttert, denn die Borniertheit der Aggressoren hatte sich in diesem Krieg nicht nur gegen die Menschen sondern auch direkt gegen das kulturelle Erbe gerichtet. Man muß bedenken, daß diese prachtvolle Stadt an Rekordtagen 600 Granaten abbekam, im Schnitt alle zwei Minuten eine.

In unserem Zeitalter, wo durch die Technik alles kopierbar, fast alles bis ins letzte Detail nachmachbar wird, entwikkelt sich eine fast manische Suche nach dem Originalen und nach dem Echten. Das kulturelle Erbe hängt eng auch mit der kulturellen Identität zusammen, denn die Identität läßt sich aus dem Monumentalen, aus dem Sichtbaren, aus dem von früheren Generationen Geschaffenen ableiten, sie läßt sich beweisen. Wer sein kulturelles Erbe verkommen läßt, ist auch bereit, seine Vergangenheit zu vergessen, und wer seine Rechnung ohne die Geschichte machen möchte, wird mit einer nicht glaubhaften Identität Schwierigkeiten haben.

Die grausamste Art der ethnischen Säuberung ist eine, die versucht, nicht nur die Menschen zu vertreiben, sondern auch ihr kulturelles Erbe auszulöschen.

Das kulturelle Erbe ist nicht nur Stein und Holz gewordene Vergangenheit. Es handelt sich um ein Leben mit dem Bewußtsein seiner Geschichte, die sich in Traditionen, Musik, Kunst und Literatur ausdrückt. Ja, auch der Umgang mit der Natur, mit ihrer Landschaft hängt mit dem kulturellen Erbe zusammen. Unsere Landschaft wurde jahrhundertelang durch Bauernhand mitgeformt. Mit ihr und in ihr sind Brauchtümer entstanden, die erhaltenswertes, kulturelles Erbe darstellen.

Wir schöpfen aus den Kulturen vergangener Generationen und bauen auf ihnen auf. Konrad Lorenz wehrt sich in seinem Buch „Die acht Todsünden der zivilisierten Menschheit" vehement gegen den *„Irrglauben, der Mensch könne eine neue Kultur willkürlich und rational aus dem Boden stampfen"*. Das führe dann *„zu der völlig irrsinnigen Folgerung, daß es am besten sei, die elterliche Kultur total zu vernichten, um – schöpferisch – neu aufbauen zu können"*.

Unsere Aufgabe ist es, Erhaltenswertes zu erhalten und für zukünftige Generationen Erhaltenswertes zu schaffen.

Die Wohlfühlbürger

Globalisierung hat große soziale Mängel

Olympische Sommerspiele in Sydney, Australien. Dank moderner Kommunikationstechnologie nehmen Milliarden Menschen in allen Erdteilen an diesem Ereignis Anteil. Ein durch Sponsormilliarden geprägtes Freudenspektakel wird bis in die armseligsten Wellblechhütten transportiert. Nationalgefühle und Nationalstolz wallen weltweit auf. Der Beweis wird erbracht, daß Menschen aus den ärmsten Ländern schneller laufen können als die anderen, wenn sie nicht gerade am Hungertuch nagen. Würde der schwarze Kontinent nicht an unnötigen Kriegen, an einer schrecklichen Seuche und an Hunger leiden, würde wahrscheinlich mehr als ein Viertel aller Medaillen nach Afrika fließen.

Wir sind heute in der Lage, Olympische Spiele, an denen über 200 Nationen teilnehmen, so auszutragen, daß alle Leistungen auf Millimeter und tausendstel Sekunden gemessen werden können. Ein Fest der Technologie, ein Symbol für die Globalisierung und ein buntes Pflaster auf eine kranke Erde, deren wachsende Bevölkerung nicht recht weiß, wohin sie geht.

Die Globalisierung und Liberalisierung der Märkte und die rasante Entwicklung der Kommunikationstechnologie sowie der Biotechnologie gehen Hand in Hand. Es sind die Mechanismen des Marktes, die diesen gewaltigen Prozeß vorantreiben. Dem Globalisierungsfortschritt auf dem Gebiet der Wirtschaft, der Finanzmärkte, der Produktion und der globalen Intelligenz steht jedoch kein soziales Gegengewicht gegenüber. Politiker und internationale Organisationen, deren Aufgabe es wäre, der freien Weltwirtschaft ein soziales Gewissen zu geben, beschränken sich auf Schönwetterreden und sind aufgrund ihrer Wahlstimmenabhängigkeit tatenunwillig. Die großen Sportartikelhersteller, die zu den

Hauptsponsoren und Hauptnutznießern der Olympischen Spiele zählen, lassen jene Laufschuhe, auf denen das begehrte Gold gewonnen wird, zu einem großen Teil noch durch, fast wie Sklaven gehaltene, Kinder herstellen. Die Globalisierung ist unausgewogen, sie führt zu sozialen Extrementwicklungen. Unvorstellbaren Reichtum und sinnloser Anballung materieller Macht in den Händen weniger, steht ein Heer moderner Sklaven gegenüber. Auch die immer noch rasant steigende Zahl der sexuell ausgebeuteten Kinder ist eine negative Auswirkung der Globalisierung.

Die technischen, technologischen und logistischen Instrumente, um eine Weltbevölkerung der heutigen Größenordnung gut zu ernähren, um für alle Kontinente umspannende höhere Gesundheitsstandards zu sorgen und um das weltweite Bildungsniveau zu heben, wären längst gegeben. Die Mängel bei der Umsetzung liegen in den wirtschaftlichen und machtorientierten Egoismen von politischen Machtblöcken und Einzelpersonen.

Die UNO spricht in ihrem Umweltbericht „GEO 2000" von einer Art *„Erschöpfungszustand der Erde"*. Die Frage ist, ob dieser Erschöpfungszustand auf die große Zahl der Menschen, die den Planeten bewohnt, zurückzuführen ist oder ob dafür die falschen Verteilungsformen verantwortlich sind. Wenn es sich bei den heutigen Erdenbürgern ausschließlich um Nordamerikaner oder Westeuropäer handeln würde, wäre bei deren Lebensstandard ihre Ernährung schon in Frage gestellt und auch die Energieversorgung wäre nicht mehr gewährleistet. Würde es sich aber um eine ähnlich hohe Zahl von Asiaten handeln, könnte bei deren Lebensstandard noch ein vielfaches an Menschen ernährt bzw. mit Energie versorgt werden. Es hängt also davon ab, wie die Menschen mit den Ressourcen umgehen und welche Ansprüche sie an das tägliche Leben stellen.

Die Verteilungsfrage trifft die Menschheit jedoch global. Nur eine übergeordnete Verteilungspolitik, gekoppelt mit einer vernetzten internationalen Sozialpolitik, könnte dem gigantischen gesellschaftspolitischen Ungleichgewicht entgegenwirken.

Die Bevölkerung der entwickelten Staaten wächst kaum mehr. Trotzdem steigt die Zahl der Menschen insgesamt noch jährlich um 80 bis 85 Millionen. Das ist eine enorme Zahl, vor allem deshalb, weil die Zunahme nicht gleichmäßig erfolgt.

Ein Problem von unerhörter Bedeutung ist auch die rasante Zunahme der Verstädterung der Erde. Manche Städte, vor allem in Lateinamerika und Asien, aber auch in Afrika, erleben geradezu krebsartige Wachstumsprozesse. Diese Agglomerationen verschlingen Natur in riesigem Ausmaß. Bevölkerungswachstum und Verstädterung gehen Hand in Hand. Beide Phänomene hängen mit dem zu geringen Bildungsniveau der armen Schichten und der Landbevölkerungen zusammen. Der Zusammenhang zwischen Analphabetismus und Geburtenhäufigkeit ist nicht zu übersehen. Die überwiegende Zahl, man spricht von zwei Drittel der Analphabeten, sind Frauen.

Das Bevölkerungsproblem liegt aber nicht nur an der technischen Geburtenkontrolle. Verantwortliche für eine signifikante Änderung zum Besseren ist die Emanzipation der Frau, die nur im Wege über die Bildung erfolgen kann. Die Lebensrolle der Frau ist besonders stark auf Perspektiven angelegt, in viel größerem Ausmaße als jene des Mannes. Und gerade das ist essentiell.

Der entwickelte und geburtenschwache, wohlhabende Norden hätte in der globalisierten Welt die wichtige Aufgabe, seine modernen Technologien in den geburtenstarken Süden, mit seinen großen ungelösten Problemen, zu exportieren. Dort müßten vermehrt städtische Funktionen auf dem Lande installiert werden; es mangelt an funktionierenden Gesundheitssystemen, Strom- und Wasserversorgungen und vor allem an funktionsfähigen Schul- und Bildungssystemen. Wer allerdings nur nach Zwangsmaßnahmen ruft, dem fehlt die Bereitschaft zur grundlegenden Hilfe.

Die Welt ist nur scheinglobalisiert, zugunsten der reichen Länder. Wir müßten längst erkennen, daß wir den Entwicklungsländern einen riesigen Schuldenberg aufgeladen haben. Die Kolonialisierung hat noch immer Nachwirkungen. Aber auch unsere heutige marktwirtschaftliche Arbeitsteilung bleibt nicht ohne dramatische Auswirkungen. Es kann auf Dauer nicht angehen, nur die eigenen Waren in den Ländern der Dritten Welt abzusetzen. Wir müssen bereit sein, auch unsere Märkte für deren Produkte zu öffnen. In Wirklichkeit ist es doch so, daß die hochentwickelten Staaten ihre eigenen Märkte gegen die billigen Waren aus den Entwicklungsländern abschotten und die eigenen Agrarprodukte hoch subventioniert dorthin exportieren. Dieses Verhalten kann auf Dauer nur zu einem immer weiteren Auseinanderdriften der Lebensstandards führen. Die Ursachen der Armut in den Entwicklungsländern liegen nach wie vor und stärker denn je in unserem eigenen Verhalten.

Afrika hat etwa 14 Prozent der Weltbevölkerung, ist aber nur für 3,2 Prozent der CO_2-Emissionen verantwortlich. Wie kaum ein anderer Kontinent leidet aber gerade Afrika darunter, daß sich das Klima ändert. Die afrikanische Bevölkerung ist völlig anormalen Wetterbedingungen ausgesetzt. Den gewaltigen Überschwemmungen stehen Rückgänge der Niederschläge, ein Austrocknen der Brunnen und vor allem das Fortschreiten der Wüste gegenüber. Die Wüste wächst Jahr für Jahr um zehn Kilometer und verringert damit die mögliche Fläche für den Ackerbau. Wo aber werden die Gründe für diese Klimaänderung produziert? Sicher nicht in Afrika selbst, sondern vorwiegend in den entwickelten wohlhabenden Staaten. In Afrika, aber auch in anderen Entwicklungsländern, werden durch das Verhalten der Wohlstandsbürger in den entwickelten Staaten Ressourcen, die ohnehin schon außerordentlich knapp sind, noch weiter verknappt werden. Diese Politik hat unübersehbare Auswirkungen auf die Umwelt und auf die durch die Umweltverschlechterung betroffenen Menschen. Etwa 24 Millionen Menschen müssen heute, aufgrund von Umweltveränderungen, neues Land suchen. Die Zahl der Umweltflüchtlinge ist wesentlich höher als die Zahl der Flüchtlinge aus jedem anderen Grund.

Der entwickelte, der reiche Teil der Erde ist auch in der Politik der Flüchtlingsaufnahme zu sehr von Egoismen motiviert. Die Einwanderungspolitik zielt ganz allgemein auf den bloßen Nutzen der Flüchtlinge oder Einwanderer für die Aufnahmeländer ab. Selbstverständlich werden Computerexperten aus Indien zugelassen und gebraucht. Damit wird aber weiterhin nur das Ungleichgewicht vorangetrieben, ja optimiert. Die Bereitschaft, junge Menschen aus durch Katastrophen betroffenen Ländern aufzunehmen, sie auszubilden und dann in ihre Länder zurückgehen zu lassen, ist viel zu gering. Der „Brainstream" in der globalisierten Welt ist eine Einbahnstraße. Man holt sich, was man an Talenten und Kreativitäten braucht und billig bekommen kann, und ist nicht in ausreichendem Maße bereit, Beiträge zur nachhaltigen Entwicklung in den armen Ländern zu leisten. Gleichgültig ob der Braintransfer von Ländern wie Indien nach Nordamerika und Europa als eine Art geistige Entwicklungshilfe betrachtet wird, oder ob man ihn, populistisch ausgedrückt, intellektuellen Raubbau nennt: feststeht, daß die konstruktive Gegenleistung nicht gegeben ist.

Es ist zu fürchten, daß die globale Marktwirtschaft ohne soziale Rahmengebung und ohne verbindliche ökologische Einschränkungen zur Explosion führen muß. In vielen Industriestaaten wird die Marktwirtschaft durch gesetzliche Rahmenbedingung ergänzt, die für die soziale Stabilität und ökologische Verantwortung sorgen. Keine unbeschränkte freie Marktwirtschaft ist in der Lage, von sich aus ökologische und soziale Notwendigkeiten zu bewältigen. Wenn schon innerhalb der einzelnen Staaten das uneingeschränkte Spiel der Marktkräfte zu Spannungen führt, die sich gesellschaftspolitisch explosiv darstellen können, muß man wohl anerkennen, daß die Lage auch international immer gefährlicher wird. Die internationalen Organisationen werden in Zukunft alles daransetzen müssen, um weltweit einen besseren wirtschaftlichen, sozialen und ökologischen Ausgleich zu erreichen.

Die Gesundheit darf kein Privileg der Reichen bleiben

Während 80jährige Wohlstandsmenschen in reichen Ländern an ihrem Körper teure Schönheitsoperationen durchführen lassen, müssen in anderen Teilen der Welt hilflose Kinder sterben, weil die minimalste Medikamentenversorgung nicht gegeben ist. Ein Teil der Menschheit schwelgt in Wellneß, Fitneß und Bio-Ernährung und ein anderer stirbt noch immer an Unterernährung, Medikamentenmangel, verseuchtem Wasser oder an Trockenheit.

Wie in anderen Bereichen auch, stehen wir bei der Gesundheitspolitik vor einem enormen Ungleichgewicht zwischen entwickelten und Entwicklungsländern. Wie kann man sich in dem Bewußtsein, daß große Teile der Weltbevölkerung wehrlos der Tuberkulose, Aids und anderen Seuchen ausgeliefert sind, in seiner Haut wohlfühlen? Wie ernst nehmen wir, die wir in einem hervorragenden Gesundheitssystem leben, die miserablen Lebensbedingungen, unter denen Menschen, weit entfernt, leben? Die Kinder des Nordens erhalten die notwendigen Schutzimpfungen. Die Kinder des Südens aber sind dem Kreislauf von Armut, Hunger und Krankheiten wehrlos ausgesetzt, weil die notwendigen Schutzimpfungen für sie nicht zur Verfügung stehen.

Die Mißstände im Gesundheitsbereich in den ärmsten der armen Länder sind allerdings nur ein Teil eines viel größeren Gesamtproblems. Enorme Mißstände beherrschen auch die Bildung, die Trinkwasserversorgung, den Wohnungsbau und die Lebensmittelversorgung in der Dritten Welt. Vor allem den Staaten im südlichen Teil Afrikas geht es heute schlechter als vor einem Vierteljahrhundert. Die Klima- und Umweltveränderungen tragen das ihre dazu bei. Durch sie nimmt auch die Wirksamkeit von Anti-Malaria-Medikamenten ab – und besonders Malaria ist neuerdings zu einer Geißel der Bevölkerung in diesen Ländern geworden.

Von den 1,6 Billionen Dollar, die jährlich weltweit in das globale Gesundheitssystem fließen, wird nur ein Zehntel in den Ländern der Dritten Welt ausgegeben. Diese Länder haben aber 90 Prozent der weltweiten Krankheitslast zu tragen. Dieses Mißverhältnis ist der wahre Kern des Weltgesundheitsproblems. Denn das Geld kommt gerade jenen nicht zugute, die es am dringendsten benötigen würden. Man kann also sagen, daß, ähnlich wie bei Nahrungsmitteln, der reiche Norden mit Medikamenten überversorgt wird, während die ärmsten Länder an Unterversorgung leiden. Eine enorme Umverteilung bei den Ausgaben für die medizinische Versorgung, die dem Nord-Süd-Gefälle Einhalt gebietet, wäre dringend notwendig. Vor allem müßten die reichen Länder ihr Versprechen einhalten und tatsächlich 0,7 Prozent des Bruttoinlandsproduktes pro Jahr diesem Zweck widmen. Derzeit beträgt dieser Beitrag nur 0,2 bis 0,3 Prozent und liegt bei manchen entwickelten Staaten sogar noch darunter.

Es fällt schwer zu begreifen, daß die Welt tatenlos zusieht, wie durch die Globalisierung die sozialen Gegensätze ausgerechnet im Gesundheitsbereich immer dramatischer werden. Dem globalen Informationsnetz und den liberalisierten Finanz- und Warenmärkten müssen auch harmonisierte Sozialsysteme und eine weltweit vernetzte Gesundheitsversorgung gegenüberstehen. Die Würde aller Menschen erfordert es, daß kein Teil der Erdbewohner Krankheiten und Hunger völlig wehrlos ausgesetzt bleibt.

Nirgends wären öffentliche Investitionen auch wirtschaftlich so sinnvoll, wie gerade jene, die der Gesundheitsversorgung in der Dritten Welt dienten. Eine gesunde Bevölkerung ist leistungsfähig und kann eher dazu beitragen, die Dritte Welt politisch stabiler zu machen. Eine Schlüsselrolle bei dieser notwendigen Entwicklung wird in den nächsten zehn Jahren zweifelsohne die Pharmaindustrie mit ihren enormen Fortschritten auf dem Sektor der Biotechnologie einnehmen. Es sollte ein internationaler Medikamentenfond eingerichtet werden, in den sowohl die Industrie als auch die Regierungen gemeinsam und ohne unmittelbare Profitabsicht einzahlen. Dieser Fond müßte vor allem dafür sorgen, daß die notwendigen Impfstoffe gegen Kinderkrankheiten für jedes Kind erschwinglich werden.

Dieses Vorhaben wird auch von Gro Harlem Brundtland, der Generaldirektorin der Weltgesundheitsorganisation, befürwortet. Sie spricht sich dafür aus, sich der Bedürfnisse der Menschen in den armen Ländern ernsthaft anzunehmen um die großen Trecks zu verhindern. *„Menschen wollen zumeist dort leben, wo sie geboren sind. Wir alle sitzen im selben Boot, voll von Bakterien und Viren. Krankheitskeime kennen keine Grenzen.“* Und darum, meint sie, könne die gesamte Weltbevölkerung nur davon profitieren, wenn die Last der Krankheiten in der Dritten Welt gemindert werde („Der Spiegel“ 18/2000).

Es muß daher auch aus gesundheitspolitischen Erwägungen das vorrangige Ziel sein, in den Entwicklungsländern die Armutsrate zu verringern. Die modernen Kommunikationstechniken würden es durchaus ermöglichen, die Lösungsfindung für globale Ernährungs- und Gesundheitssysteme zu beschleunigen. Bisher aber, das ist wohl eine Binsenweisheit, ist es nicht gelungen zu erreichen, daß die gesamte Weltbevölkerung des beginnenden 21. Jahrhunderts, in gesundheitspolitischer Hinsicht, aus den großen technischen Fortschritten ernsthaften Nutzen ziehen konnte.

Das Wohlfühlen des Individuums in der Wohlstandsgesellschaft verpflichtet geradezu dazu, sich auch mit den Problemen des anderen Teils der Bürger dieser Erde auseinanderzusetzen. Der Wohlfühlmensch im abgeschirmten Luxusraum, der sich seinem Egoismus hingibt und die leidvollen Realitäten der Mitbewohner seines Planeten wegschiebt, ist keine erstrebenswerte Erscheinung. Gesund sein, satt sein, fit sein, das persönliche Erfüllen dieser Kriterien alleine kann den Wohlfühlmenschen nicht ausmachen. Was dazu gehört, ist die Bereitschaft mitzudenken, mitzulenken und mitzuleiden. Ein Mensch, der seinen Wohlstand nur dazu benützt, um alle Errungenschaften der zivilisierten Welt für sich allein und sein Wohlfühlen einzusetzen, ist in seiner Wohlstandsfreude einsam und für die Mitmenschen sehr unwichtig.

Quo vadis, Europa?

In den nationalen politischen Auseinandersetzungen wird das Thema der europäischen Integration noch immer gerne vordergründig benützt, manchmal auch mißbraucht. Man spricht von europäischen Werten, fordert das Europa der Bürger oder beschwört das Europa der Vaterländer. Bei genauerer Untersuchung stellt sich heraus, daß es sich um Worthülsen handelt, die entweder, für jene, die sie benützen, wenig bedeuten, oder daß platte Selbstverständlichkeiten in den Mund genommen werden, um damit zu beeindrucken. Was sind die spezifisch europäischen Werte? Liegen sie im kulturellen Bereich oder sind sie humanitärer Natur, ist es die große Vielfalt der Identitäten oder das soziale Umfeld? Die europäischen Werte auf einen Nenner zu bringen, ist eine sehr schwierige Aufgabe. Es wird wohl nur möglich sein, im Vergleich zu anderen Teilen der Erde herauszukristallisieren, ob und welche Wertvorstellungen besonders zu Europa passen.

Das Europa der Vaterländer ist eine eher bedeutungslose politische Floskel. Selbstverständlich setzt sich diese Europäische Union und der gesamte Kontinent aus vielen Vaterländern zusammen. Jeder Mensch hat ja sein Vaterland. Es muß nicht immer ein Staat sein, es kann sich in der Vorstellung der einzelnen Bürger durchaus um eine Region oder eine Provinz handeln, die für ihn Heimat ist. Einer der europäischen Werte der Zukunft wird es wohl sein, die Vaterländer, das heißt die nationalen Identitäten gegenüber dem Gemeinsamen, nicht mehr emotionell und wertend in den Vordergrund zu stellen. Es ist nicht zielführend, heute noch ein Konkurrenzdenken zwischen der europäischen und den regionalen Einheiten künstlich aufzubauen und zu erhalten.

Das Europa der Bürger ist durchaus ein wertvoller Gedanke. Als Zukunftsproklamation allerdings scheint dieser Begriff etwas wenig an Inhalt zu bieten. Selbstverständlich setzen sich Europa und jeder seiner Mitgliedstaaten aus vielen Bürgern zusammen. Die Bedeutung des Bürgers ergibt sich ja bereits aus dem Subsidiaritätsprinzip. Demnach kommt zuerst der Bürger als die kleinste Einheit, gefolgt von der Familie, der Gemeinde, der Region, dem Staat und dann der Europäischen Union. Was immer auf politischer und besonders europapolitischer Ebene vor sich geht, sollte nur ein Ziel haben, nämlich dem Bürger zu nützen. Wer also von dem Europa der Bürger spricht, müßte sich eigentlich überlegen, was er dem europäischen Bürger an Besonderem bieten möchte. Und hier stellt sich die Frage, wie und wo sich die Lebensqualität und die Lebensweise der Europäer jetzt und in Zukunft von jener der Menschen in anderen Teilen der Erde unterscheidet oder unterscheiden sollte. Kann aus der Europäischen Union in Zukunft eine europäische Wohlfühlunion werden?

Besonders beliebt – und zwar beidseits des Atlantiks – ist der Vergleich zwischen den Vereinigten Staaten von Amerika und der Europäischen Union. Auf dieser Vergleichsebene erfüllt das heutige Europa bereits einige Kriterien, die den Eindruck erwecken, daß sich in der alten Welt insgesamt mehr Menschen wohlfühlen dürften als in der sogenannten neuen.

In der europäischen Mentalität ist das Streben nach sozialer Gerechtigkeit aufgrund einer jahrhundertelangen Entwicklung besonders stark ausgeprägt. Die soziale Ausgewogenheit, die relativ gemäßigten Kontraste zwischen reich und arm und das Vorhandensein eines eher breiten Mittelstandes sind ein Zeichen für globale Lebensqualität. Auch das durchschnittliche kulturelle Niveau ist innerhalb der Europäischen Union und natürlich auch in jenen Länder, die später dazukommen sollen, vergleichsweise hoch. Europa kann sich dann zum echten Wohlfühlkontinent weiterentwickeln, wenn es gelingt, die strategischen Ziele nicht ausschließlich auf Wachstum und Gewinn auszurichten, und wenn es den Mut aufbringt, soziale und ökologische Ziele voranzustellen.

„Wir sind die unumstrittenen Anführer der Welt.“ Diese Aussage stammt vom früheren Präsidenten der Vereinigten Staaten, Bill Clinton, und bezog sich auf die wirtschaftliche, militärische und kulturelle Machtposition seines Landes. Die Globalisierung sicherte die unaufhaltsame Ausbreitung des amerikanischen Turbokapitalismus. Das Corporate America ist heute allgegenwärtig und für viele auf allen Kontinenten lebensbestimmend geworden. Ein Netzwerk von 65 großen militärischen Stützpunkten sorgt für die Präsenz der USA in aller Welt mit einer schier unüberwindbaren High-Tech-Bewaffnung. Die USA geben mehr für Rüstung aus, als die fünf nächstmächtigen Staaten zusammen. Auch die amerikanische Popmusik und Filmindustrie sind weltweit erfolgreich. Der amerikanische Wirtschaftsboom hat sich zum

längsten Aufschwung der neueren Weltgeschichte entwikkelt. Die Arbeitslosigkeit beträgt nur mehr vier Prozent, und das ist nicht einmal halb so viel wie im Euroland. Die Wachstumsraten der USA sind doppelt so hoch wie jene Europas. Und auch der Dollar strahlt noch immer durch Stärke. Der Euro war, als er am 1. Jänner 1999 aus der Taufe gehoben wurde, 1,18 Dollar wert. Er büßte bald über ein Viertel seines Wertes ein. Gerhard Schröder hat den Euro, als er noch Ministerpräsident in Niedersachsen war, mit einer *„kränkelnden Frühgeburt"* verglichen. Dieses mutigste und bedeutendste gesellschaftliche Experiment des letzten Jahrhunderts stößt noch heute bei vielen europäischen Bürgern auf Miß- und Unverständnis. Die dänischen Wähler haben ihrem Land und Europa keinen guten Dienst erwiesen, als sie die gemeinsame Währung ablehnten.

Im Vergleich zwischen Europa und Amerika sehen die Realitäten, wenn man die Oberfläche abkratzt, wesentlich anders aus. So nehmen am neuen Wohlstand der USA bei weitem nicht alle Bevölkerungsschichten teil. Der Boom hat die Kluft zwischen arm und reich sogar noch tiefer und breiter werden lassen. Auch das Einkommen der Mittelschicht in den Vereinigten Staaten ist in den letzten Jahren kaum gestiegen. Viele Menschen brauchen, um eine Familie ernähren zu können, einen Zweit- oder Drittjob.

Viele der grenzenlosen Bewunderer des amerikanischen Erfolges kommen nur mit dem vor Reichtum glänzenden Klischeeorten der USA in Berührung. Erst wenn sie sich vom Empire State Building, Hilton Head Island, der Golden Gate Bridge, Las Vegas oder Vail weiter entfernen, kommen sie mit dem anderen Amerika in Berührung. Die Gegensätze, auf die man in diesem Lande stößt, sind durchaus erschütternd. Allein das besonders im Süden vorhandene enorme Wohlstandsgefälle zwischen der weißen und der afroamerikanischen Bevölkerung und die damit einhergehenden enormen sozialen Spannungen sind beeindruckend. Das Land der unbeschränkten Möglichkeiten erlaubt es, dem Tüchtigen und Mutigen in kurzer Zeit sehr weit nach oben zu kommen. Genauso gibt aber für jene, die sich im freien Fall nach unten bewegen, keine sozialen Fangnetze.

Der Sozialkritiker Morris Berman schreibt in seinem Buch „Zwielicht der amerikanischen Kultur", daß in den USA das Reichwerden zu einer nationalen Obsession geworden sei. Auch andere Autoren wie Chalmas Johnson (Interview in „Der Spiegel" 45/2000) stehen vielen amerikanischen Entwicklungen skeptisch gegenüber. Für ihn ist Globalisierung eine amerikanische Ideologie, die für Ausdehnung zu den amerikanischen Bedingungen und für Freihandel steht, solange es den Amerikanern nützt. Er stellt aber fest, und trifft damit den Nagel auf den Kopf, daß die Einwanderungspolitik eine der großen Stärken der USA sei. Amerika sichert sich die besten Köpfe aus der ganzen Welt. In einigen europäischen Staaten hingegen herrscht in der Zuwanderungspolitik immer noch große Engstirnigkeit, was dem wirtschaftlichen und technologischen Aufschwung zum Nachteil gereicht.

Die vorübergehende Schwäche des Euro wird in ihrer Bedeutung von vielen Europäern maßlos überschätzt. Man sollte nicht vergessen, daß die billige Währung die europäischen Industrieprodukte auf den Weltmärkten wesentlich preiswerter machte. Dieser Wechselkursvorteil war für rund ein Sechstel des Wirtschaftswachstums in Europa verantwortlich. Die volkswirtschaftlich völlig normale Auf- und Abbewegung des Außenwertes wird von Gegnern der gemeinsamen Währung bewußt gerne mißverstanden.

Die gemeinsame Währung ist das Symbol für ein zukünftiges immer stärker werdendes Europa. Der Euro markiert geradezu einen europäischen Neubeginn. Dieses Europa wird in kulturpolitischer, sozialpolitischer, wirtschaftspolitischer und auch außen- und verteidigungspolitischer Hinsicht immer deutlicher eigene Wege beschreiten. Die Amerikaner haben längst erkannt, daß der große neue Konkurrent im Wettkampf der Volkswirtschaften Europa heißen wird. Trotz vorübergehender Probleme, die immer wieder auftauchen werden, sind sich viele Experten darüber einig, daß Europa eine prosperierende Zukunft vor sich hat. In der Europäischen Union und in vielen der Mitgliedstaaten ist man endlich zu der Erkenntnis gelangt, daß es höchste Zeit ist, mit der technologischen Aufholjagd zu beginnen. Nur mehr wenige europäische Staaten geben dem Thema Forschung nicht absolute Priorität. Die New Economy erobert endlich auch die Köpfe europäischer Manager und Wirtschaftstreibender und wird auch von den Politikern allmählich ernst genommen. Trotz Euroskepsis, Ablehnung der Brüsseler Bürokraten und immer noch in Überfluß vorhandener Nationalismen der einzelnen Staaten, läßt sich ein neues europäisches Selbstbewußtsein nicht übersehen. Vielleicht ist es jedoch nicht voreilig, von einer Aufbruchstimmung zu sprechen.

Die europäische Politik ist, anders als in Amerika, stärker um Chancengleichheit und vor allem um Bildung für alle bemüht. Allerdings wäre es wichtig, daß die europäischen Staaten ihre Bürger nicht mehr mit bürokratischer Fürsorglichkeit ersticken. Europa muß eine neue moderne Wohlfahrts- und Wohlfühlgesellschaft schaffen.

Ausschlaggebend ist nicht so sehr, wer die Toptechnologien des 21. Jahrhunderts entwickelt, wer die Weltmärkte beherrscht, wer die größten Konzerne hat oder wer die erfolgreichsten Forscher aufzuweisen hat. In all diesen Fragen werden die USA noch lange weit vor Europa bleiben, auch wenn die Europäer sichtbar aufholen. Die entscheidende Frage wird wohl sein, wo die Lebensqualität besser ist und wo sich mehr Menschen aus allen Gesellschaftsschichten wohlfühlen können. Eine Wettbewerbsgesellschaft, die nur auf Gewinn und Erfolg ausgerichtet ist und nicht gleichzeitig intensiv den ökologischen und sozialen Ausgleich anstrebt, kann die Lebensqualität nur für einen Teil der Menschen garantieren. Amerika ist das Land, das bewußt in Gewinner und Verlierer aufgeteilt ist. Europa muß der Kontinent bleiben, in dem andere Motivationskriterien zum Erfolg führen. Sich wohlfühlen heißt nicht unbedingt siegen, besiegen, unterdrücken, unterwerfen; es heißt mitwirken, Motivation spenden, gemeinsame Ziele verfolgen.

Der ökonomische Erfolg Amerikas am Ende des letzten Jahrhunderts war einzigartig, besonders wenn man die Ausgangsbasis für diesen Aufstieg betrachtet. Das Land war durch Vietnamkrieg und Watergate demoralisiert, hatte eine Arbeitslosenrate von zehn Prozent, und die Inflation betrug dreizehn Prozent. Streiks waren an der Tagesordnung, und die viel zu hohen Steuern hemmten Investitionen und Fortschritt. Deutschland und Japan waren damals in den Augen der Amerikaner die Wirtschaftswunderländern. Der Wandlungsprozeß, der dann in den letzten 20 Jahren in den USA vor sich ging, bewirkte, daß dort zwar 50 Millionen Arbeitsplätze verlorengingen, aber gleichzeitig 80 Millionen neue entstanden. Der Anteil an Dienstleistungs- und Servicejobs ist von 65 Prozent auf 77 Prozent gestiegen. Reagan setzte durch radikale Steuersenkungen und durch Milliardeninvestitionen in die Forschung, vor allem in die Computerindustrie, dafür den Grundstein. Unter Bill Clinton erfolgte der Schritt von der Old Economy zur New Economy. Ein Drittel des amerikanischen Börsenkapitals ist heute in High-Tech-Firmen angelegt, einen Industriezweig, den es 20 Jahre vorher noch gar nicht gegeben hatte: Der Shareholder-Kapitalismus war geboren und begann die Welt zu erobern.

Der Wille der Amerikaner (die damals Einwanderer der ersten Generation aus Europa waren), in unbekannte Gebiete vorzustoßen, war schon im 17. und 18. Jahrhundert vorhanden, als sie den Wilden Westen eroberten. Mit ähnlichem Mut stoßen die Amerikaner heute in die virtuellen Räume vor.

In Europa hielt man krampfhaft an schrumpfenden Branchen wie dem Bergbau fest und versuchte, Probleme durch Subventionen zu lindern. Zwar gab es nach dem Fall des Eisernen Vorhangs einen ganz kurzen Aufschwung, aber die lethargische Phase hielt an. Die Arbeitslosenrate erklomm in der Europäischen Union ein Rekordniveau. Zwar hatte die europäische Wirtschaft ihre Unternehmungen auf brutale Weise rationalisiert, es aber – im Unterschied zu den Amerikanern – unterlassen, gleichzeitig neue Geschäftsbereiche zu gründen. Die europäischen Fabriken waren nun zwar hocheffizient, aber häufig fast menschenleer. Das bewirkte Heere von Arbeitslosen, für die keine Alternativen geschaffen worden waren. Verantwortlich für diesen Verlangsamungsprozeß in der Umwandlung war weniger Verzagtheit und Ideenarmut der Manager, als die taktische und berechnende Haltung der Politiker. Da sie das amerikanische Feindbild unbedingt „pflegen" wollten, wurden amerikanische Strickmuster strikte abgelehnt. Diese rückschrittliche Geisteshaltung entsprach dem vermeintlichen damaligen Wählerwillen. Zukunftsbereiche, wie die Biotechnologie, waren gesellschaftspolitische Tabuthemen. Es wurde nicht zur Kenntnis genommen, daß nicht alles Amerikanische dem europäischen Humanismus widerspricht und daß im Gegenteil vieles nachahmenswert gewesen wäre.

Daß die Vereinigten Staaten für europäische Begriffe in Teilbereichen unsozial sind, daß die erbarmungslose Vollstreckung der Todesstrafe für das europäische Rechtsverständnis längst unakzeptabel ist, sind andere Tatsachen.

Europa muß im Rahmen der globalisierten neuen Wirtschaft einen eigenständigen sozialpolitischen Weg gehen und die echte soziale Alternative bieten. So wichtig Wettbewerb ist, darf die totale Konkurrenz die Menschlichkeit nicht vernichten. Leistung erbringen ist für das Funktionieren der Gesellschaft notwendig, aber wer dazu nicht in der Lage ist, darf deshalb nicht verarmen, hungern oder frieren. Bodo

Hombach wünscht sich einen Sozialstaat, der nicht *„Hängematte, sondern Trampolin"* sein soll („Der Spiegel" 22/2000). Er könnte damit die Richtung für eine Wirtschaftsmacht Europa mit sozialer Dynamik vorgegeben haben. Europa hätte es in der Hand, dafür zu sorgen, daß an seinem Aufschwung die gesamte Bevölkerung gleichmäßig Anteil hat. Denn gewisse Fehlentwicklungen in den USA dürften nicht nur keine Vorbildwirkung haben, sie sollten sogar als Warnung dienen.

In Amerika besitzt zwar heute mehr als die Hälfte der Bürger Wertpapiere, der Großteil aller Kursgewinne fließt aber in die reichsten fünf Prozent der Haushalte. Die Mittelklasse kann ihre Lebensqualität nicht verbessern, obwohl über die Börsenentwicklung täglich rund 700 neue Millionäre gekürt werden. Die Chefs der ganz großen Unternehmen verdienen heute vierhundertmal soviel wie ihre Arbeiter. Das ist zehnmal soviel wie vor zwölf Jahren.

Wenn die Europäer viele mühsam erkämpfte Errungenschaften des Sozialstaates auch in der New Economy erhalten wollen, was äußerst wichtig wäre, dann müssen sie in anderen Bereichen besonders konsequent vorgehen. Es ist an der Zeit, mit allen wettbewerbshemmenden Vorschriften aufzuräumen. Vor allem müssen die Startbedingungen für junge Firmen und junge Unternehmer wesentlich verbessert werden. Die jungen kreativen Menschen brauchen mehr Freiräume. Die Steuersysteme müssen harmonisiert und drastisch vereinfacht werden. Die Steuerreformen dürften nicht zu immer weiterer Verkomplizierung und auch zur Demotivation führen. Der größte Widersinn ist es aber, wenn in europäischen Staaten gerade der Bildungsbereich dem Spardiktat unterworfen wird. Auch in Zeiten der Budgetkonsolidierung muß in den Bildungssektor und in die Forschung massiv investiert werden. Politiker, die die Schwachstellen der Wirtschaft der Europäischen Staaten nicht erkennen, und nicht sehen wollen, daß in Europa Tausende von High-Tech-

und vor allem von Bio-Tech-Kräften fehlen, sind Bremsblöcke für die wirtschaftliche Entwicklung und letztlich langfristig für die Lebensqualität der Menschen. Die Einwanderungsgesetze müßten Experten aus aller Welt anlokken, und gleichzeitig müßten großzügige Bildungs- und Forschungsinitiativen dazu führen, daß im eigenen Land Fachkräfte ausgebildet werden.

Europäischer Bundesstaat oder Staatenbund?

Was ist die institutionelle Antwort Europas auf die Globalisierung der Weltwirtschaft? Daniel Bell wies schon vor langem darauf hin, daß der Nationalstaat für die großen Probleme des Lebens zu klein geworden ist, während er für die kleinen Probleme zu groß ist. In der Neuauflage seines Buches „The Coming of Post-Industrial Society" führt er dazu aus, daß die politischen Maßnahmen der Nationalstaaten im Umgang mit dem Auf und Ab der internationalen Wirtschaftsentwicklung in zunehmendem Maße uneffizient und wirkungslos seien. Andererseits sind die Staatsregierungen mit ihren zentralistischen Beamtenapparaten auch für die Behandlung der verschiedenartigen und oft sehr subtilen regionalen und lokalen Probleme ungeeignet. Hat der Nationalstaat also endgültig ausgedient? Der Historiker Wolfgang Mommsen meinte, *„die Nation ist nur eine Fiktion, aber ihre Abschaffung bleibt Utopie"*. Hat der deutsche Außenminister Joschka Fischer resigniert, wenn auch er für die Zeitspanne einer ganzen Generation von der weiteren Existenz des Nationalstaates ausgeht? Er meint, daß die Vereinigten Staaten von Europa auf absehbare Zeit nicht durchzusetzen wären („Der Spiegel" 40/2000). Hier schwingt wohl auch die Einsicht mit, daß ein einiges Europa nur durch die Weiterentwicklung seiner Vielfalt gedeihen wird.

Europa der Vaterländer, Europa der Nationen – das sind schön klingende Schlagworte, die durch viele Wahlkämpfe und durch viele blumige Reden abgenützt wurden. Ein Europa der Vaterländer besteht natürlich und bestand auch immer schon. Manchmal waren die Vaterländer allerdings in schreckliche Kriege verwickelt.

Diese Vaterländer, diese Nationalstaaten haben nun freiwillig und ohne Zwang auf große Teile ihrer Souveränität verzichtet. Sie haben sich einem Entwicklungsprozeß anvertraut, dessen Ende zwar viele Hoffnungen erweckt, aber zeitlich noch nicht abzusehen ist. Durch den gemeinsamen freiwilligen Verzicht auf Souveränitätsteile, durch das Voranstellen des Gemeinsamen vor das Egoistische ist ein Zustand erreicht worden, der zukünftige Kriege wohl ausschließt. Bundesstaat oder Staatenbund, ist diese Frage wirklich so wichtig? Wichtig ist die gemeinsame und gewollte Weiterentwicklung, die europäische Koevolution. Sie ist die Antwort des alten Kontinents auf die Globalisierung. Die Nationalstaaten innerhalb und auch außerhalb der Europäischen Union stellen sich dem internationalen Wettbewerb mehr und mehr gemeinsam als kooperierende, als langsam zusammenwachsende Partner.

Europa darf auf keinen Fall zu einem seelenlosen, bürokratischen Gebilde, zu einer nicht erweiterbaren Zahl von Mitgliedstaaten werden. Die Erweiterungspläne der EU bewirken, daß Europa wieder Projektionsfläche politischer Hoffnungen wird. Natürlich hat sich die Union für die kommenden zehn Jahre viel vorgenommen. Sie will sich erweitern, das heißt vergrößern und gleichzeitig vertiefen. Die Erweiterung ist eine europäische, friedenspolitische und ökonomische Notwendigkeit. Durch die Vertiefung muß ein riesiger Reformstau erledigt werden. Reform oder Vertiefung dürfen aber nicht bedeuten, wie das manche Mitglieder der Europäischen Kommission verstehen, daß möglichst viel, womöglich noch mehr als bisher von Brüssel geregelt werden soll.

Die europäischen Staaten, einschließlich der Beitrittskandidaten, befinden sich in einem kooperativen Lernprozeß. Die Nationalstaaten verarbeiten ihre Unterschiedlichkeiten und auch die Vielfalt ihrer nationalen Lösungen zu einer Art gemeinsamen, sich verdichtenden, europäischem Netzwerk. Die Vorbereitung auf die Erweiterung muß in unternehmerischem Geist erfolgen. Gemeinsam muß gerade in Europa die soziale Sicherheit immer neu bestimmt und außer Frage gestellt werden, denn sie macht einen wichtigen Teil der europäischen Philosophie in der globalisierten Weltwirtschaft aus.

Nach Jahren der, unter Einsatz von öffentlichen Geldmitteln gesteuerten, Turbointegration werden nationalistische Töne in verschiedenen Teilen Europas wieder viel zu deutlich hörbar. Nationalchauvinismen stellen sich der friedlichen und sinnvollen Weiterentwicklung entgegen. Gleichzeitig gewinnen aber Themen wie Heimat und Patriotismus neue Aktualität. Kein Politiker, der gewählt werden möchte, kann sich an diesen „Wohlfühlelementen“ vorbeischwindeln. Für den deutschen Bundeskanzler Schröder ist Heimat *„kein Ort, der durch Behaglichkeit definiert ist“*, es handele sich viel mehr um *„das Zuhause, von dem aus die Menschen auf die Welt blicken“* („Der Spiegel“ 40/2000). Für andere Repräsentanten der Politik ist *„Heimat tragender Grund, vertrauter Lebensraum, Überschaubarkeit und Geborgenheit“* („Der Spiegel“ 40/2000). Beide Definitionen haben im zusammenwachsenden Europa Platz. Nationalstolz und Patriotismus werden in sportlichen Wettkämpfen abreagiert und ausgelebt. Die modernen Gladiatoren des Sports müssen dafür vielleicht ihre Gesundheit opfern, aber sie werden gut bezahlt und dienen häufig als Blitzableiter für überschäumende patriotische Gefühle. Die Grenze zwischen Patriotismus und Nationalismus ist sorgfältig zu ziehen. Während patriotische Gefühle in das Wohlfühlkonzept noch gut hineinpassen, sind nationalistische Gefühle durch Ablehnung und Hostilität geprägt und gehören nicht in die pazifistische Welt des Wohlfühlmenschen. Die Europäische Integration muß dazu führen, daß für ausgrenzenden und überheblichen Nationalismus kein Platz mehr ist. Europa selbst ist von der Gefahr, in Zukunft einen gesamteuropäischen Nationalismus, so wie es einen amerikanischen gibt, zu entwickeln, noch weit entfernt.

Und doch muß sich Europa in der Welt des 21. Jahrhunderts erstmals wirklich als Gesamtheit präsentieren und empfinden, denn bald werden neben den USA und der EU auch andere zu den Großen der Welt zählen. In China und Indien, den beiden bevölkerungsreichsten Staaten, in denen etwa ein Drittel aller Menschen lebt, zeichnen sich Entwicklungen von umwälzender Bedeutung ab. Besonders für Indien haben sich die weltökonomischen Voraussetzungen nachhaltig geändert. Bei den industriellen Strukturen alten Stils konnte ein Land wie Indien noch nicht mithalten. Aber aufgrund der postindustriellen technologischen Revolution hat Indien jetzt neue Chancen. Auch im Wettbewerb um westliche Investitionen zwischen Indien und China scheinen die Karten neu gemischt zu werden. Zwar erhält China noch immer zehn mal so viel Geld wie Indien aus dem Ausland, aber der Trend beginnt sich zu ändern.

So widersprüchlich und unverständlich vieles an Indien sein mag: es ist es kein Zufall, daß man im Branchenjargon Hyderabad gerne „Cyberabad“ nennt. Das Land, dessen einmilliardster Einwohner schon längst geboren wurde, könnte im Zeitalter der Hochtechnologie und der Software-Kultur zu einer neuen Weltmacht werden. Die sanfte Kreativität dieses Volkes, das schon immer wissenschaftliche Genies hervorgebracht hat, wird für Quantensprünge in seiner Entwicklung sorgen. Es ist kein Zufall, daß es Inder waren, die die Zahl Null schufen und das Schachspiel erfanden.

Wenn Indien heute eine High-Tech-Macht darstellt, kann das über die historisch gewachsenen gesellschaftspolitischen

Realitäten nicht hinwegtäuschen. Indien ist, überspitzt ausgedrückt, eine Atommacht mit hoher Analphabetenrate, ein Armenhaus, das gut ein Drittel der weltweit tätigen Software-Ingenieure hervorbringt. Die indische Software-Industrie verzeichnet jährliche Wachstumsraten von 50 Prozent. Trotzdem macht dieser Wirtschaftszweig heute erst 1,5 Prozent des Bruttoinlandsproduktes aus.

Das kommunistische China hat autokratische Mittel eingesetzt, um sein Riesenreich zusammenzuhalten. In Indien hingegen hat sich die Demokratie als Staatsform bewährt und trotz geringer ethnischer Homogenität der Bevölkerung zum nationalen Zusammenhalt beigetragen.

„Kinder statt Inder" lautet ein rechter politischer Slogan in Deutschland. Europa sollte sich darauf einstellen, daß es beides braucht, Kinder und Inder. Und es wäre politische Blindheit, die beiden so verschiedenen asiatischen Riesen Indien und China zu unterschätzen.

Sicherheit ohne Rüstungsspiele

Vor nichts fürchten sich die Menschen mehr als vor dem Krieg. „Nie wieder Krieg!" Das war schon immer der Slogan all jener, die Krieg miterlebt hatten. Die dumpfe Angst, Leben, Gesundheit, Angehörige, Hab und Gut zu verlieren, sitzt tief im Bewußtsein. Nur scheinbar sind Bürger immer wieder begeistert in den Krieg gezogen. Aufgepeitscht von haßerfüllter Propaganda, von hysterischem Taumel kämpferischer Vaterlandsliebe, haben junge Männer, scheinbar strahlend vor Glück und Siegeswillen, aus abrollenden Zügen gewinkt und angsterfüllte, verzweifelte Mütter, Frauen und Geliebte zurückgelassen. Kant konnte in Wirklichkeit nie widerlegt werden, wenn er sagte, daß der Bürger keinen Krieg wolle. Der Wille zum Krieg ist immer nur von den Köpfen der Macht, gleichgültig ob sie Monarchen, Diktatoren oder andere Machtstrategen waren, ausgegangen und dem Volk eingeredet worden.

Kein Bürger, mit Ausnahme der Kriegsgewinnler, fühlt sich wohl, wenn der Krieg über sein Land hereinbricht. Dauerhafter Wohlstand ist noch nie durch Kanonen und Lanzen zustande gekommen. Aus unfreien Taglöhnern und Bauern sind im Laufe langer Jahrhunderte mündige Bürger geworden In ihren demokratischen Gemeinwesen können sie selbst über ihr Schicksal entscheiden. Sie haben es in der Hand, im Wege über die demokratischen Wahlen ihre Regierungen zu bestimmen und damit indirekt auch die Grundprinzipien der von ihnen gewünschten Außen- und Sicherheitspolitik.

Die Voraussetzungen für die Sicherheitspolitik in der Welt des 21. Jahrhunderts haben sich drastisch geändert. Ein großer Teil der Erde verfügt heute über vom Volk gewählte Parlamente und Regierungen. Die Demokratie hat sich in einer Vielzahl von Staaten durchgesetzt. Die einzelnen Staaten können längst nicht mehr völlig unabhängig außenpolitisch handeln. Sie sind aufeinander angewiesen und in ihren Interessen weitgehend miteinander vernetzt. Die Mehrheiten in den Parlamenten und die Regierungen sind sich darüber im klaren, daß sich dauerhafte Sicherheit und Wohlstand nur in gemeinsamer Anstrengung und in ständiger Abstimmung der Pläne erreichen lassen.

Das Denken in den meisten Verteidigungsministerien ist jedoch nach wie vor in alten Denkmustern verhaftet und noch von überholten Wertvorstellungen geprägt. Innerhalb der Nationalstaaten versuchen die Verteidigungs- und Außenminister ihren Wahlbürgern weiszumachen, daß Sicherheit ausschließlich vom eigenen Verteidigungspotential abhängig ist. Es wird gepredigt, daß der Frieden nur dann gesichert werden könne, wenn man ständig auf einen eventuellen Krieg vorbereitet sei.

Zur selben Zeit, wo bewährte Sozialsysteme durch angeblich unbedingt notwendige Sparmaßnahmen zerstört werden, sind genügend Mittel vorhanden, um für Waffen und Verteidigungssysteme gigantische Summen auszugeben. Die größten Budgetbrocken fließen noch immer in Instrumente zur Verwirklichung eines total veralteten Sicherheitssystems – obwohl sich in den entwickelten Staaten längst ein gesellschaftspolitischer Paradigmenwechsel vollzogen hat. Politische Klassen früherer Systeme glaubten noch, ihre Macht nur durch ständig gepriesene Expansionsteigerung erhalten zu können. Die internationale Politik, ja die Geschichte, hatte ein großes Thema: Sieg und Niederlage. Jeder Staat mußte mit dem Angriff oder Überfall des Nachbarn rechnen.

Der Prioritätensetzung bei der Ausgabenpolitik in manchen demokratisch regierten Industrieländern haftet der Geruch der Verknüpfung privater, geschäftlicher Interessen mit öffentlichen Ämtern an. Wie wäre es sonst denkbar, daß gleichzeitig mit größter Härte und Strenge bei den Ärmsten der Sparstift angesetzt wird und für militärische Ausrüstung Milliarden ausgegeben werden? Verteidigungsminister und Generäle, die Großaufträge vergeben können, erwerben freilich in den Kreisen der einflußreichen Rüstungsindustrie und innerhalb der weltweit verzweigten, mächtigen Waffen- und Kriegslobby ein hohes persönliches Ansehen. Der gute Ruf eines Politikers bei Unfallrentnern oder Pensionisten ist beispielsweise bescheiden.

Ein winziger Staat wie Costa Rica erlaubt es sich, inmitten der brodelnden zentralamerikanischen Länder, ohne Militär zu leben. Ist dieser Zustand verantwortungslose Tollkühnheit oder blindes Vertrauen auf die Unterstützung der USA im Ernstfall? Oder ist es der demokratische Wille eines Volkes, das eigene Wege gehen will? Costa Rica hat diplomatische Beziehungen mit Taiwan und nicht mit der Volksrepublik China. Dieser Staat hat den weltweit höchsten Anteil an seiner Gesamtfläche unter Naturschutz gestellt. In Costa Rica regiert die sanfte Macht der demokratischen Überzeugung.

Der Wohlfühlmensch ist durchaus auch machtbewußt. Er strebt sogar nach Macht, aber nach der sanften Macht der Mehrheit. Die sanfte Macht ist konsequent und nur diese sanfte Macht wird in der Lage sein, die Welt zum Positiven zu verändern. Die militärische Gewalt ist für nachhaltige Veränderungen zu positiven Werten unbrauchbar geworden.

Wie soll die moderne Sicherheitspolitik in der westlichen Welt aussehen? Sie muß von grundsätzlich geänderten Rahmenbedingungen ausgehen und akzeptieren, daß in einer völlig vernetzten und globalisierten Welt alte Denkmuster keine Gültigkeit mehr haben. Es ist daher sinnlos, die Sicherheitspolitik nur auf mögliche kriegerische Angriffe und deren Abwehr auszurichten. Geld und Macht müssen verstärkt in die Prävention gelenkt werden. Alle Bemühungen müssen sich darauf konzentrieren, die Ursachen für Entwicklungen, die in kriegerischen Übergriffen ausarten könnten, zu bekämpfen und zu beseitigen.

Das übergeordnete Ziel soll es in Zukunft sein, durch sanfte Gewalt zu verhindern, daß Staaten überhaupt in die Lage kommen, sich gegenseitig militärisch anzugreifen. Ein Krieg ist nicht nur die teurere Politik, sondern er ist auch in jeder Hinsicht die schlechtere Politik. Um militärischen Interventionen vorzubeugen, ist es freilich notwendig, von dem absoluten Grundsatz des politischen Interventionsverbotes abzugehen. In der vernetzten Welt der Totalinformation kann das Gebot der Nichteinmischung so nicht aufrecht bleiben. Allein das Wissen über undemokratische Vorgangsweisen, über das Aufkeimen diktatorischer Tendenzen oder über verbrecherische Systementwicklungen verpflichten geradezu zur Einmischung. Die Einmischung erfolgt schließlich zugunsten der Demokratie. Nur mit der weltweiten, konsequenten Festigung und Einführung der Demokratie kann der Friede nachhaltig gesichert werden.

Die Interventionen des 21. Jahrhunderts, über Staatsgrenzen hinweg, müssen aber ausschließlich ohne militärische

Gewalt erfolgen. Militärische Gewalt kann höchstens ein Akt der allerletzten Rückversicherung im Sinne der Erhaltung von Menschenleben sein.

Die moderne Außenpolitik sollte prioritär darauf ausgerichtet sein, Demokratisierungsprozesse zu erleichtern und Demokratien zu festigen. Im Sinne des internationalen wirtschaftlichen und sozialen Zusammenhaltes ist auch die Wirtschaftshilfe eine wichtige Maßnahme innerhalb der Demokratisierungsstrategie. Auch sie ist eine Art der Einmischung. Es gibt aber natürlich viele andere Möglichkeiten der direkten und indirekten Einflußnahme, ja Einmischung. So sind alle Maßnahmen, die einen Diktator schwächen, mit Ausnahme der Gewaltanwendung, nützliche Instrumente zur zukünftigen Friedenssicherung. Militärischer Druck wird einen Diktator innenpolitisch eher stärken. Wirtschaftliche Sanktionen, die gegen den Diktator gerichtet sind, treffen leider häufig gerade jene Teile der Bevölkerung, die ohnehin am meisten unter ihm leiden. Der Diktator selbst findet nur neue Argumente, um den Haß gegen den Verhänger der Sanktionen weiter zu schüren und so seine Position noch zu stärken. Von außen kommende Entspannung hingegen schwächt die Position des Diktators.

Ein gutes Beispiel und gleichzeitig ein moderner und sehr effizienter Weg der legitimen und konstruktiven Einflußnahme auf die inneren Angelegenheiten eines Staates sind die Beitrittsverhandlungen zwischen der Europäischen Union und den Kandidatenländern. Es entspricht dem demokratischen Willen der Kandidatenländer, zukünftig der Europäischen Union anzugehören. Um aber dieses Ziel zu erreichen, müssen demokratiepolitische Wertvorstellungen der Gemeinschaft in den beitrittswilligen Staaten realisiert werden. Allein das Anheben der Qualität der demokratischen Einrichtungen einer so großen Zahl europäischer Staaten auf das Niveau der Union ist ein wichtiger Schritt im Sinne der Friedenssicherung.

Die Sicherheitspolitik des 21. Jahrhunderts sollte auf einer Strategie der Vorbeugung beruhen. Es geht darum, systematisch jene Strukturen zu beseitigen, die den Krieg ermöglichen, ja fördern. Was für alle anderen Lebensbereiche, von der Umweltpolitik über die Medizin bis hin zur Innenpolitik, Gültigkeit hat, ist auch auf die Außenpolitik in hohem Maße anzuwenden: Eine neue Kultur der Prävention soll den Fehlentwicklungen vorbeugen.

Das Aufbauen von Bedrohungsszenarien, ebenso wie die Reaktion auf vermeintliche Bedrohungen durch Aufrüstung bewirken im allgemeinen alles eher als einen Abbau der Gewalt. Im Gegenteil, diese Politik wird oft als eine zusätzliche Bestärkung für das Einsetzen militärischer Gewalt betrachtet. Die Politik muß ein Klima der Gewaltvermeidung bewirken. Es muß vor allem alles daran gesetzt werden, die politischen, sozialen und wirtschaftlichen Probleme, die zu Gewalt führen könnten, zu lösen. Nur durch diese präventive Politik lassen sich auch Bürgerkriege und Terrorismus vermeiden. Der soziale Hintergrund für innerstaatliche, gewaltsame Auseinandersetzungen sind fast immer Armut und Unterdrückung. Gewaltsame Konfliktaustragungen lassen sich am besten durch eine vorbeugende, friedliche Veränderung und Verbesserung dieser Zustände verhindern. Wenn die Gewalt erst einmal im Laufen ist, kommt meist jede Hilfe zu spät. Wie oft mußte die internationale Gemeinschaft diese Erfahrung in den letzten Jahrzehnten machen? Nicht nur Afrika, sondern auch der Balkan waren blutige Beispiele dafür. Eine moderne Außen- und Sicherheitspolitik muß sich daher darauf konzentrieren, Kriegsursachen rechtzeitig zu beseitigen. Die alte Verteidigungspolitik ist zu teuer und im Sinne der Menschheit nicht wirkungsvoll.

Nicht zufällig sind so viele Bürger politikverdrossen. Das Ansehen der Politiker war noch nie so schlecht. Die Menschen fühlen sich durch die von ihnen gewählten Repräsentanten mangelhaft vertreten. Das Zusammenspiel von Macht, Medien und Egomenschen, die sich gern als Kultfiguren sehen wollen, hat zu einer Entthematisierung der Politik geführt. Im Zentrum allen Strebens stehen Personen und nicht Sachthemen. Die repräsentative Demokratie ist bis heute unangefochten die relativ beste Staatsform unserer Gesellschaft. Sie wurde aber in einer Weise durch Egomenschen degeneriert, daß sie von den Bürgern immer weniger angenommen wird. Die niedrigen Wahlbeteiligungen sind ein Hinweis darauf, daß das Wählervolk jene Personen, die sich als Kandidaten anbieten, von vorne herein nicht mehr als erste Wahl betrachtet. Die Politikerkaste hat leider stark abgewirtschaftet. Durch ihren gegenseitigen Zerstörungstrieb, durch das Klima, das von Schlechtmachen, ja sogar Vernichtungswünschen geprägt ist, wird auch jeder Wahlsieger am Wege zu seinem Erfolg beschädigt und angepatzt.

Eine Folge der herrschenden politischen Kultur in vielen Demokratien ist es, daß die geistigen Eliten kaum noch bereit sind, ihr berufliches Leben der Politik zu widmen. Die Idylle früherer Jahrzehnte, wo hochangesehenen Politikern ergebene Bürger gegenüber standen, scheint der Vergangenheit anzugehören. Gerade bei vielen jungen Menschen ist die Unzufriedenheit sehr groß. Der *Homo politicus,* dessen Vorzüge im Geistigen und Strategischen lagen, scheint eine aussterbende Rasse zu sein. Viele meinen sogar, daß der Staat nicht nur keine Probleme löse, sondern daß er selber das eigentliche Problem sei.

Die Demokratie als solche, ihr Geist hat das Ansehen bei der Bevölkerung aber keineswegs verloren. Im Gegenteil, die Idee der Demokratie wird gerade von der heutigen Jugend hochgehalten. Das Bild ist also einigermaßen gespalten. Auf der einen Seite wird jedes autoritäre System vehement abgelehnt und die Demokratie hatte weltweit bei der Mehrheit der Jungen noch nie so viele Anhänger, wie gerade heute. Andererseits aber wenden sich viele Menschen frustriert und enttäuscht, manchmal auch nur gelangweilt, von ihren demokratisch gewählten, politischen Köpfen ab. Sie wollen von den öffentlichen Angelegenheiten, Projekten und Problemen gar nichts wissen, weil sie befürchten, daß sie die Politiker nur in selbstsüchtiger Weise betreiben.

Manche Pessimisten sehen die Gesellschaft sogar in eine politische Apathie abgleiten. Trotzdem deuten Umfragen eindrucksvoll in Richtung des Entstehens einer neuen Kaste von kritischen Bürgern. Ein deutlich zunehmendes Interesse an direkter Demokratie geht mit dem Vertrauensschwund in die Repräsentanten der indirekten Demokratie Hand in Hand. Das Desinteresse an den großen wohletablierten Parteien ist kaum zu bremsen. Junge Menschen sind im Begriff, neue Wege bürgerlicher Beteiligung zu erkunden. Die Jugend ist vielleicht parteiunpolitisch geworden, unpolitisch im weiteren Sinn ist sie nicht. Sie hat ein deutliches Bedürfnis und die Bereitschaft zur Mitwirkung und zur Gestaltung. Sie zieht aber informelle Organisationen und lockere Netzwerke vor. Es zeichnet sich immer deutlicher ab, daß Nicht-Regierungsorganisationen, wie Greenpeace oder Amnesty International und viele andere, bei jungen Menschen viel stärker ankommen als politische Parteien. Man will sich für Sachfragen engagieren, aber nicht für die Förderung politischer Karrieristen hergeben.

Es dürfte kein Zufall sein, daß die repräsentative Demokratie in ihrer modernen Form gerade zu jenem Zeitpunkt an Grenzen stößt, wo die moderne Technologie völlig neue Alternativen öffnet. Das Internet wird direkte Bürgerbeteiligung an politischen Prozessen und digitale Volksabstimmungen technisch ermöglichen. Der gewaltige Apparat an

Regierungen und Parlamenten war bisher nur deshalb notwendig, weil es technische Möglichkeiten, miteinander zu kommunizieren, nicht in ausreichendem Maße gegeben hat. Innerhalb der nächsten Jahrzehnte wird es wahrscheinlich noch keine vollkommene direkte elektronische Demokratie geben können. Aber die Fülle politischer Hierarchien, wie wir sie heute kennen, wird überflüssig werden. Der letzte Bereich, der von E-Mail und Internet noch weitgehend unberührt zu sein scheint, ist alles, was mit Regierung oder Verwaltung zu tun hat. Fast alle anderen Angelegenheiten können heute bereits in Internetgeschwindigkeit erledigt werden. Eine enorme Abschlankung des politischen und Verwaltungsapparates wird unsere Gemeinschaften funktionsfähiger machen. Sie wird sicher mit einem wesentlich verstärkten, direkten Mitwirken der Bürger an den Entscheidungsprozessen einhergehen. Die Industrie hat diesen Prozeß bereits weitgehend hinter sich. Der öffentliche Sektor wird in Windeseile folgen müssen.

Es ist absurd, daß in einer Zeit, wo die unmittelbare und schnelle Kommunikation von Bürger zu Bürger und von Bürger zu Schaltstelle technisch bereits gewährleistet ist, die einzige aktive, demokratische Handlung des Bürgers darin besteht, alle paar Jahre ein Kreuzchen auf einen Wahlzettel zu zeichnen.

Die Mühe, die wahlwerbende Politiker verspüren, wenn sie Menschen dazu bewegen wollen, zu einer Versammlung zu kommen, kann als Indiz dafür gelten, daß diese Art der Demokratie schon scheintot ist. Menschen gehen nur mehr dann zu Parteiveranstaltungen, wenn ihnen dort Unterhaltung geboten wird. Wahlveranstaltungen sorgen bestenfalls für Stimmungslagen, nicht aber für ernst zu nehmende Informationsvermittlung. Im Wege über die moderne Informationstechnologie besteht nun auch für den Bürger die Möglichkeit, Meinungen auszudrücken und sich konkret einzumischen. Die direkte Demokratie ist heute nicht mehr nur in der kleinen Dorfgemeinschaft möglich, sie ist im Begriff, globale Formen anzunehmen.

Die digitale Form der direkten Demokratie steht bevor. Bald wird der Mehrheit der Bürger die Möglichkeit geboten werden, an elektronischen, politischen Diskussionsforen teilzunehmen. Sie werden sich über den Bildschirm Informationen und Rat holen können und so Entscheidungsgrundlagen schaffen. Die Isolation des in seiner geistigen Kapazität unterschätzten Durchschnittsbürgers wird bald der Vergangenheit angehören. Damit werden auch andere Politiker gefragt sein. In der elektronischen Demokratie wird der Bürger seine politische Macht Tag für Tag konkret ausüben können. Es wird ihm im demokratischen Spiel der politischen Angebote eine ähnliche Macht zukommen, wie er sie als Konsument bereits ausübt. Ebenso wie Wirtschaftstreibende um das Begehren der allmächtigen Konsumenten nicht herumkommen, werden Politiker auf die Wünsche und Anliegen der Staatsbürger eingehen müssen. Was in der Wirtschaft schon selbstverständlich ist, wird auch in der Demokratie zum Durchbruch kommen. Das gültige politische System kennt Zeitabläufe, die zu den heutigen Informationsmöglichkeiten in krassem Widerspruch stehen. Der Weg von den im Wahlkampf gegebenen Versprechungen über die demokratische Beschlußfassung bis hin zur eventuellen Durchführung der Beschlüsse dauert oft Jahre. Was in Vorwahlperioden angekündigt wurde, ist häufig zum Zeitpunkt der Umsetzung für jene Menschen, die damals ihre Entscheidung davon abhängig gemacht hatten, völlig unbedeutend. Der Bürger hat viel zu geringe Möglichkeiten, innerhalb eines erträglichen Zeitraums die Folgen der von ihm mitgetroffenen demokratischen Entscheidung zu sehen. Nur in der kleinen Dorfgemeinschaft gibt es einen unmittelbaren, demokratischen Dialog. Dort sieht jeder, was sein Gemeindevertreter konkret macht. Er ist in der Lage, unverzüglich seine Stimme zu erheben und zu protestieren. Er kann den gewählten Politiker unter Druck setzen.

Geschwindigkeit ist in der Politik sicher nicht alles. Die Langsamkeit des politischen Apparates bei der Umsetzung seiner Vorhaben und die Unflexibilität der gewählten Repräsentanten führen aber dazu, daß die mehrheitlich zum Ausdruck gebrachten Wählerwünsche der Bürger nur sehr selten zeitgerecht umgesetzt werden.

Das individualisierte Massenmedium Internet wird da Abhilfe schaffen und auf die Politik der Zukunft starken Einfluß nehmen. Die Politikerpersönlichkeiten werden durch den ständigen möglichen und notwendigen Dialog mit dem Wähler intellektuell und fachlich gefordert werden. An die Stelle der Biertischbürgernähe wird die virtuelle Bürgernähe treten. Das sogenannte Charisma, das einigermaßen mit Äußerlichkeiten zusammenhängt, wird durch gute Selbstorganisation, Fleiß und Sachkompetenz ersetzt werden.

Manche Politiker versuchen sich durch das Gestalten einer Homepage den Anschein von Modernität zu geben. Sie erbringen den sichtbaren Beweis, daß sie „drinnen" sind und glauben, damit den Ansprüchen der elektronischen Demokratie genüge zu tun. Es geht aber nicht mehr um symbolische Akte künstlicher Modernität, sondern um die echte Bereitschaft, den Bürger an der politischen Meinungs- und Willensbildung im digitalen Dialog aktiv mitwirken zu lassen.

Pessimisten meinen, daß die Technologie nicht in der Lage sein wird, der Demokratie neue Impulse zu geben, ihr frisches Leben einzuhauchen. Dazu sei das Interesse an der aktiven Beteiligung, am Dialog zu gering. Nur eine informelle Elite sei in der Lage, den Daten-Highway aktiv zu nutzen und sich selbst einzubringen. Die Masse bliebe entweder überhaupt desinteressiert oder weiter darauf beschränkt, Informationen passiv aus dem Fernsehen zu beziehen, bestenfalls aber als rein passiver Informationskonsument durch das Internet zu surfen. Die digitalen Politiknetzwerke würden höchstens eine kleine Nische der Bürger ansprechen.

Dieser pessimistischen Meinung steht der offensichtlich große Frust vieler Bürger am gegenwärtigen System und der Wille des modernen Wohlfühlmenschen, sich selbst einzubringen und an Entscheidungsprozessen teilzunehmen, entgegen.

Mit der rasant wachsenden Zahl junger politisch interessierter Menschen, die raschere und effizientere politische Entscheidungsprozesse anstreben, ist zu rechnen. Sie werden sich gegen althergebrachter Formen archaisch wirkender politischer Gepflogenheiten und Systeme durchsetzen. Die Demokratie der zukünftigen Wohlfühlgesellschaft wird elektronisch vernetzt und der athenischen direkten Demokratie näher sein, als der repräsentativen Demokratie des gelegentlichen Kreuzerlmachens vergangener Jahrzehnte.

Die Globalisierung, die die wichtigen Probleme auch zu grenzenlosen Fragen macht, stellt nationalstaatliche Politik vielfach in Frage. Weltumspannende Fragenkomplexe, wie saubere Luft, wie Gefahren, die sich aus der Kernenergie ergeben, die Knappheit des Erdöles oder auch die weltweiten Einflüsse der Großkonzerne und der Finanzmärkte haben eine Situation bewirkt, die die reellen Handlungsmöglichkeiten der Nationalstaaten und sogar übernationaler Gemeinschaften, wie der Europäischen Union, übersteigen. Die weltweite Demokratisierung ist durch die modernen Kommunikationstechnologien möglich geworden. Die politische Kommunikation, zwischen gewählten Volksvertretern, Regierenden, Nicht-Regierungsorganisationen und Bürgern über nationale Grenzen hinweg ist längst eine technische Selbstverständlichkeit. Ihre Bündelung und Systematisierung könnte Wege zu völlig neuen Dimensionen der weltweiten Demokratie eröffnen.

Epilog

Die Wohlfühlgesellschaft für alle ist eine Vision, die wir verwirklichen können. Zwar noch nicht heute oder in zehn Jahren, aber in der zweiten Hälfte unseres Jahrhunderts. Die Periode zwischen 1980 und 2020 ist ein Zeitraum bahnbrechender Innovationen. Es liegt an uns, ob wir, aus ihnen schöpfend, eine grausame Zweiklassengesellschaft entstehen lassen oder den Weg zur Verwirklichung eines globalen Mittelstandes einschlagen. Die intellektuell und materiell Mächtigen müssen bereit sein, die Errungenschaften der Technologie global und sozial umzusetzen. Andernfalls werden geographische und gesellschaftliche Mauern entstehen, die reich und arm, mächtig und hilflos, gesund und krank, sehr alt Werdende und früh Sterbende trennen. Es wird eine Welt überhöhter Gegensätze geben, in der Haß, Unterdrückung und Angst zu Lebensnormen werden. Diese Entwicklung wäre die vollkommene Verwirklichung der Egomanie.

Die globale Wohlfühlgesellschaft mit einem weltumspannenden Mittelstand wird zustandekommen, wenn wir das bereits bestehende und noch zu erwartende Weltverbesserungspotential der Computer- und Biotechnologie, der Energieforschung und schließlich der Nanotechnik nachhaltig global verteilen.

Aus der Wohlfühlperspektive bedeutet „Mittelstand“ weniger die Erfüllung rein materieller Voraussetzungen, als das Vorhandensein eines (freilich auch materiell bedingten) Bewußtseins. Die Qualifikation „Mittelklasse“ ist dann erreicht, wenn die Erziehung der Kinder eine zentrale Rolle im Leben einnimmt. Solange die gesamte Lebensanstrengung nur darauf ausgerichtet ist, nicht zu verhungern, ist für Lebenswünsche wie Erziehung und Freiheit kein Platz.

Wie kann die Wohlfühlphilosophie ihre Ziele langfristig und nachhaltig erreichen? Die Informationstechnologie ermöglicht es, individuelle Verhaltensweisen und Bewußtseinsbildungen in immer breiter und umfassender werdende Netzwerke einzubringen. Aus diesen Wohlfühlnetzwerken werden die neuen intellektuellen und moralischen Eliten hervorgehen, die eine Politik der bewußten globalen Verantwortung durchsetzen können.

Für Einzelindividuen werden die gleichen Grundsätze gelten wie für Organisationen, Firmen und Staaten.

Globales Denken und Handeln wird zur wichtigsten Fortschrittsnorm. In einem alles umspannenden Netzwerk kann und muß jeder versuchen herauszufinden, wie er in das Gesamtbild hineinpaßt. Wer sich abkapseln will, wird verkümmern.

Progressives Wachstum ist notwendig. Die Beseitigung von Elend und Ungleichgewicht ist nur durch verstärktes Wirtschaftswachstum möglich. Teile der Welt, die bereits hohen Wohlstand erreicht haben, dürfen sich nicht in das Schneckenhaus der neuen Bescheidenheit zurückziehen. Diese Vorgangsweise ist egoistisches Auskosten von Luxus. Um nachhaltiges, globales Wohlfühlen zu bewirken, müssen durch fortgesetztes Wachstum Wissen, Technologie und Wohlstand transferiert werden.

Die Natur bietet den Beweis für die Logik des fortgesetzten Wachstums. Jedes gesunde Lebewesen wächst solange, bis es zu sterben beginnt. Das persönliche Wachstum des Menschen ist in jedem seiner Lebensabschnitte als wichtiges positives Element einzuschätzen. Mentales, charakterliches oder physisches Wachstum geben ihm das Bewußtsein zu leben und über Energien zu verfügen. Was für Individuen und Lebewesen gilt, hat auch für die Gesellschaft Gültigkeit: Wachse oder stirb!

Lerne! Für alle, die in der mit Wissen überladenen High-Tech-Gesellschaft produktive Mitspieler sein wollen, gilt das lebenslange Lernen als wichtigster Imperativ! Als Singapur 1959 unabhänigig wurde, konnte sich niemand vorstellen, daß sich dieser winzige Stadtstaat ohne Ressourcen zu einem der reichsten Plätze der Erde entwickeln würde. Singapurs Erfolg ist eine Geschichte verbissenen Lernens. Die absolute Priorität, die dem Bildungssystem eingeräumt wurde, hat den asiatischen Ministaat in eine Metropole umweltfreundlichen Wohlstandes gewandelt. Als letzte Aufgabe ist Singapur zur Zeit im Begriff, das Kapitel Demokratie, wo es noch kein Musterschüler ist, zu bewältigen.

Im imaginären Masterplan für die Wohlfühlgesellschaft muß festgeschrieben werden, daß eines Tages jeder Weltbürger Zugang zum Lernen erhalten muß. In einer Welt, wo Wissen der bedeutendste Grundstoff ist, darf es keine Menschen, geschweige denn Menschenmassen geben, deren Lernhunger nie gestillt werden kann. Auch der Anschluß an das Internet darf kein Privileg bleiben.

Gleichzeitig muß sich die Gesellschaft zur Formung neuer moralischer und geistiger Eliten bekennen. Die Quellenmärkte für führende Köpfe müssen ausgeschöpft werden; geographisch und demographisch. Erst wenn beide Geschlechter voll zum Zug kommen, wird der Weltgesellschaft ein überwiegender Teil geistiger Ressourcen für die Zukunftsgestaltung nicht mehr verloren gehen.

Öffnen! Die Wohlfühlgesellschaft ist für offene Grenzen, für eine Welt ohne Barrieren im geistigen, kulturellen und im ökonomischen Sinn. In der Wirtschaft können Abschottungsstrategien heute höchstens zu ganz kurzfristigen Ausnahmserfolgen führen. Die Strategie der Öffnung, der Transparenz des Schaffens von Mehrwert durch Gemeinsamkeit ist eine Grundvoraussetzung für Wirtschaftswachstum.

Die Nationalismen einzelner Staaten sind irrationale Versuche, gegen einen übermächtigen Strom zu schwimmen. Nationalistische und xenophobe Politiker kann man im 21. Jahrhundert nur mehr als bemitleidenswerte Auslaufmodelle aus vergangenen Epochen betrachten, die die Geschichte mit einem leichten Darüberpinseln vergessen lassen wird.

Offene Systeme, ob in der Wirtschaft oder Politik, entwickeln sich in Richtung Wachstum und Expansion. Ideen und Innovation fallen auf fruchtbaren Boden. Steigende Toleranz und Wertschätzung für Verschiedenheiten führen zu einer glücklicheren Gesellschaft. Geschlossene Systeme erzeugen eine auf Autorität beruhende Gesellschaft, in der an Stelle von Kreativität Kontrolle tritt. Mit dem Ausbleiben der Befruchtung von außen ist der Schrumpfungsprozeß unausbleiblich. Apple und Microsoft, Serbien unter Milošević und Ungarn nach der Wende sind Beispiele für gegensätzliche Entwicklungen aus Wirtschaft und Politik bei offenen und geschlossenen Systemen.

Optimismus ist die Glaubensrichtung der Wohlfühlmenschen. Sie suchen Netzwerke des kreativen Fortschritts für mehr Toleranz, Freiheit und globale Menschenwürde. Ihr Optimismus wird durch das Vertrauen in die technologischen Errungenschaften, die die Gesellschaft neu gestalten können, bestärkt.

Das Bild der Erde, das sich zu Beginn des neuen Jahrtausends bietet, ist zum Teil grauenhaft. Die technischen Voraussetzungen zu einer nachhaltigen dauerhaften Verbesserung sind aber eindeutig vorhanden. Die logistischen Systeme, um Wirtschaft und Umwelt in Einklang zu bringen, die sozialen, gesundheits- und ernährungspolitischen Gegensätze abzubauen und alle Teile der Erde in den steigenden Wohlstand einzubinden, sind vorhanden.

Allein, es fehlt der politische Wille und das breite Bewußtsein.

Literatur- und Quellenverzeichnis

Alpen – Prüfstein Europas, Naturfreunde International mit Unterstützung der EU, Wien 1996

Bell Daniel – The Coming of Post-Industrial Society, New York 1999

Bok Sissela – Mayhem, Massachusetts 1999

Gans Herbert J. – Popular Culture and High Culture, New York 1999

Gerken Gerd – Manager, die Helden des Chaos, New York 1992

Girtler Roland – Die Wildnis beginnt im Kopf, Vortrag 2000

Horx Matthias – Die acht Sphären der Zukunft, Wien–Hamburg 2000

Hundertwasser Friedensreich – Schöne Wege, Gedanken über Kunst und Leben, München 1983

Jedicke Eckhard – Nationalpark: Wildnis als Leitbild? Vortrag 2000

Kronberger Hans – Blut und Öl, Wien 1998

Kunczik Michael – Die manipulierte Meinung, Köln 1990

Lorenz Konrad – Die acht Todsünden der zivilisierten Menschheit, München 1973

Lorenz Konrad – Das sogenannte Böse, München 1974

Lötsch Bernd – Die Entwicklung des Wildnisbegriffes, Vortrag 2000

Lukas Klaus – Mißbrauchte Kinder, Wien 1999

Martys Michael – Vom Wildtier zum genmanipulierten Tier und zurück, Vortrag 2000

Morera Carlos Manuel – Turismo sustentable en Costa Rica, Quito 1998

Naisbitt John – High Tech – High Touch, New York 1999

Schafer Kevin – Costa Rica, The Forests of Eden, New York 1996

Schümer Dirk – Die Kinder, ein belgisches Drama von europäischer Dimension, Berlin 1997

Der Spiegel – 18/2000, 22/2000, 34/2000, 40/2000, 45/2000

Wilson James Q. – The Moral Sense, New York 1997

Wölfel Helmuth – Erlebbare Wildnis, Vortrag 2000